प्राचीन भारत में आयुर्वेदिक वनौषधि :

मानक और मानव धर्म, उपयोग

प्राचीन भारत में आयुर्वेदिक वनौषधि :

मानक और मानव धर्म, उपयोग

के॰एल॰ निषाद

(फॉरेस्ट रेंजर छत्तीसगढ़)
(छत्तीसगढ़ राज्य के ग्रामीण अंचल से)
मु.पो. – भैरमगढ़, जिला– बीजापुर 494 450
छतीसगढ

साईन्टिफिक
पब्लिशर्स

प्रकाशक

साइन्टिफिक पब्लिशर्स (इंडिया)

5–ए, न्यू पाली रोड
पोस्ट बॉक्स नं. 91
जोधपुर – 342 001 भारत

प्रत्याख्यान – Limits of Liability and Disclaimer of Warranty

लेखक ने इस पुस्तक की शुद्धता के बारे में पूरा प्रयत्न एवं पूरी सावधानी रखी है, फिर भी लेखक इस पुस्तक के किसी तथ्य, भाग, विषय या अन्य कथ्य की प्रामाणिकता के बारे में कोई दावा नहीं करते हैं। लेखक इस पुस्तक के आधार पर की गई चिकित्सा के परिणाम का उत्तरदायी नहीं होंगे। इस पुस्तक के आधार पर चिकित्सा करने से पूर्व आयुर्वेद के योग्य व अनुभवी विशेषज्ञ चिकित्सक का परामर्श अवश्य लेवें।

ISBN: 978-93-88043-54-0

Visit the Scientific Publishers (India) website at
http://www.scientificpub.com

भारत में मुद्रित

अनुक्रमणिका

भूमिका

भारतीय वन सम्पदा के उपयोग मानक और मानव धर्म, भारतीय संस्कृति की वृक्षों, लता, फल, फूल उसकी जड़े आदि के प्रति लगाव व समुचित उपयोग का यथार्थ मानवीकरण किया गया है। रामायण में वनस्पति का सौंदर्य और प्राचुर्य बतलाया गया है तथा वृक्षों एवं वनों का कवित्वमय वर्णन मिलता हैं। वृक्षों को पूजनीय और सौभाग्यदायक माने जाने के प्रमाण मिलते हैं। सीता हाथ जोड़कर न्याग्रोध (वट) वृक्ष की प्रार्थना इस प्रकार करती हैं –

न्यग्रोध समुपागम्य वैदेही चाभ्यवन्दत।
नमस्तेऽस्तु महावृक्ष पारयेन्मे पतिव्रतम्।।
कौशल्यां चैव पश्येम सुमित्रां चयशस्विनीम।
इति सीतांजलिं कृत्वा पर्यगेच्छन्मनस्विनी।।

(रामायण अयोध्याकांड)

"हे शक्तिशाली वृक्ष! मैं तुझे प्रणाम करती हूँ। मेरे पति का प्रण पूरा कराने की दया करो, जिससे मैं अपनी पूजनीय सास कौशल्या और सुमित्रा के दर्शनों का सौभाग्य प्राप्त कर सकूँ।"

वर्जयेत् पूर्वताऽश्वस्त्थं प्लक्षं दक्षिणतस्तथा।
न्यग्रोधमंपराद् देशादुस्ताराच्चाप्युदुम्बरम्।।
अश्वत्थादग्निमयं विधात् प्लक्षद् ब्रूयात् प्रभायुकान्।
न्यूग्रोधाच्छस्त्र सम्पीड़ा भक्ष्यांमयमुदुम्बरात्।।

(गोभिल गृह सूत्र–4–7–22–23)

अपने मकान के पूर्व की ओर पीपल का वृक्ष, दक्षिण की ओर प्लक्ष, पश्चिम में न्याग्रोध और उत्तर में उदुम्बर नहीं लगाना चाहिए। हमें कहना चाहिए कि पीपल जला देता है, प्लक्ष से निवासियों की

अकाल मृत्यु हो जाती है, न्याग्रोध शत्रुओं द्वारा सशस्त्र–आक्रमण की तथा उदुंबर नेत्र रोग का कारण होता है।

इसी प्रकार अग्निपुराण में प्लक्ष को मकान की उत्तर दिशा में न्यग्रोध को पूर्व दिशा में, गूलर को दक्षिण में और पीपल को पश्चिम में लगाये जाने का निर्देश दिया गया है ऐसा निवास स्थान उसमें रहने वालों के लिए शुभ माना जाता है। नियमपूर्वक वृक्षों को जल और खाद पहुँचाना एक पुनीत कर्तव्य कहा गया है। कुछ वृक्षों को श्रेष्ठतर माना गया है, उदाहरणार्थ स्कन्द पुराण में पीपल को भगवान विष्णु के समान बताया गया है, किन्तु उसमें यह विश्वास भी व्यक्त किया गया है कि परमात्मा भिन्न–भिन्न स्वरूपों में प्रायः सभी वृक्षों में विद्यमान है–

पार्वती विल्ववृक्षस्थां लक्ष्मी च तुलसीगताम्।
आदौ सर्ववृक्षमयं पूर्व विश्वमजायत।। **(स्कंद पुराण 15–21)**

"सृष्टि के समय में मैं (ईश्वर) समस्त पेड़ पौधों में विद्यमान रहा हूँ किन्तु देवी पार्वती बिल्व में तथा देवी लक्ष्मी तुलसी में निवास करती है।"

पद्मपुराण में यह वर्णन किया गया है कि जिस घर में तुलसी का पौधा रहता है उसके निवासी भाग्यशाली होते हैं। ब्रह्मवैवर्त पुराण में कहा गया है कि जिस स्थान पर तुलसी का पौधा लगाया गया है वह स्थान पवित्र एवं प्रायः देवताओं का निवास स्थल माना जाता है। हिन्दू परिवारों में तुलसी के पौधे की पूजा के अनेक कारण हैं–

हिन्दू परिवारों में तुलसी के पौधे की पूजा ज्यादातर स्त्रियों के द्वारा की जाती है क्योंकि उस पौधे को पवित्र माना जाता हैं, धन, दाम्पत्य जीवन को दीर्घायु देता है तथा औषधीय गुणों से परिपूर्ण होता है। यह विश्वास भी किया जाता है कि जिस गृह में प्रति दिन तुलसी की पूजा की जाती है उसमें यमदूत प्रवेश नहीं करते हैं।

स्कंदपुराण

हिन्दू लोग वृक्षों को ईश्वर के विभिन्न रूपों का निवास स्थान मानते हैं। इस विश्वास से जुड़ी अनेक कथाएँ प्रचलित हैं। पदमपुराण के उत्तरकांड में एक ऐसी ही कथा है। एक समय भगवान शिव अपनी प्रिय पार्वती के साथ एकान्त स्थान में बैठे थे। अन्य सभी देवताओं ने

मिलकर अग्नि देवता से कहा कि आप ब्राह्मण का वेश धारण कर उस स्थान पर जाएँ। इस तरह बाधा उत्पन्न किए जाने से पार्वती कुपित हो गई और उन्होने अग्नि को भेजने वाले देवताओं को श्राप दिया तुम सब देवता वृक्ष बन कर जन्म लो। इस श्राप के प्रभाव से भगवान ब्रह्मा ने पलाश वृक्ष के रूप में भगवान विष्णु ने पीपल के रूप में और रूद्र देवता ने वट वृक्ष के रूप में जन्म लिया।

अन्य बहुत से वृक्षों को हिन्दू लोग एक या अनेक देवी–देवताओं से जोड़ते हैं। विविध प्रकार के वस्तुएँ जो वृक्ष से मिलती है, धार्मिक अनुष्ठान और उत्सव में प्रयुक्त होती है। उदाहरण के लिए बेल शिव पर चढ़ाया जाता है और शाल वृक्ष में विष्णु का निवास माना जाता है। भवन निर्माण में साल की लकड़ी का उपयोग भी सुख–समृद्धि देने वाला माना जाता है।

वृक्षों, तना कंद मूल आदि को नहीं काटें तथा अपनी आने वाली पीढ़ी के लिए कुछ बचाए इसी उद्‌देश्य को लेकर यह पुस्तक जनहितार्थ लिखकर आप सबको सादर समर्पित करता हूँ।

के.एल. निषाद
(फॉरेस्ट रेंजर छत्तीसगढ़)
(छत्तीसगढ़ राज्य के ग्रामीण अंचल से)
मु.पो. – भैरमगढ़, जिला– बीजापुर 494 450
छत्तीसगढ

आयुर्वेद की प्राचीनता

शरीर, इन्द्रिय, मन और आत्मा के संयोग का नाम आयु है। नित्य प्रति चलने से, कभी एक क्षण भर के लिए भी न रूकने से इसे आयु कहते हैं। आयु का ज्ञान जिस शिल्प या विद्या से प्राप्त किया जाता है, वह आयुर्वेद हैं। यह आयुर्वेद मनुष्यों की भाँति वृक्ष, पशु–पक्षी आदि के साथ सम्बन्धित है, इसलिए इनके विषय में भी संहिताएँ बनायी गई। ज्ञान का प्रारम्भ सृष्टि से पूर्व हुआ, ऐसा भी मानने वाले विद्वान हैं। उनके विचार से आयुर्वेद पहले उत्पन्न हुआ और उसके बाद प्रजा उत्पन्न हुई। आयु के लिए क्या उपयोगी है, क्या अनुपयोगी; यह जानना बहुत आवश्यक है। इस प्रकार आयु सम्बन्धी ज्ञान शाश्वत है। केवल इसका बोध और उपदेश मात्र ही ग्रन्थों में कहा गया है। जिस प्रकार शिशु के उत्पन्न होने से पूर्व माता के स्तनों में दूध आ जाता है, उसी प्रकार मनुष्य या सृष्टि के उत्पन्न होने से पूर्व परमात्मा ने जीविका के साधन बनाये थे, इन साधनों में आयुर्वेद भी था। इसी लिए यह प्राचीन एवं शाश्वत है।

वेदों के साथ आयुर्वेद का सम्बन्ध – वेद शब्द का अर्थ ज्ञान है। (विद् ज्ञाने)। यह ज्ञान ऋग्वेद में आध्यात्मिक देवता सम्बन्धी है। ऋग्वेद की रचना पद्यात्मक है। यजुर्वेद में कर्मकाण्ड सम्बन्धी ज्ञान है, इसकी रचना गद्यमय है। साम का सम्बन्ध गायन–उपासना से है, इसकी रचना गीत्यात्मक है। इन तीनों को त्रयी कहते हैं। अथर्ववेद का, जो कि ज्ञान से परिपूर्ण होने के कारण इनकी श्रेणी में आता है, सम्बन्ध मानव जीवन के साथ अधिक हैं। इसमें ज्ञान, कर्म, उपासना तीनों का समावेश है। इसीलिए आयुर्वेद को इसका उपांग माना गया है। कुछ आचार्यों ने ऋग्वेद का उपांग आयुर्वेद को माना है, परन्तु आयुर्वेद के आचार्यों ने अथर्ववेद का ही उपांग इसे स्वीकार किया है।

उपांग का अर्थ निकटवर्ती मुख्य भाग है। आयुर्वेद का अथर्ववेद के साथ अतिशय निकटतम सम्बन्ध है।

आयुर्वेद शब्द का अर्थ – आयु का पर्याय चेतना अनुबन्ध, जीवितानुबन्ध, धारी है (चरक॰सू॰अ॰ 30।22)। यह आयु शरीर, इन्द्रिय, मन और आत्मा इन चार का संयोग है। आयु का सम्बन्ध केवल शरीर से नहीं है और इसका ज्ञान भी आयुर्वेद नहीं है। चारों का ज्ञान ही आयुर्वेद है। इसी दृष्टि से आत्मा और मन सम्बन्धी ज्ञान भी प्राचीन मत में आयुर्वेद ही है। शरीर आत्मा का भोगायतन, पंच महाभूत–विकारात्मक है, इन्द्रियाँ भोग का साधन हैं, मन अन्तःकरण है, आत्मा मोक्ष या ज्ञान प्राप्त करने वाला; इन चारों का अदृष्ट–कर्मवश से जो संयोग होता है, वहीं आयु है। इसके लिए हित–अहित, सुख–दुःख का ज्ञान तथा आयु का मान जहाँ कहीं हो, उसे आयुर्वेद कहते हैं। वेदों में भी इन्हीं बातों का ज्ञान है, इसलिए काश्यप का यह कहना कि जिस प्रकार से हाथ में चार अँगुली और पाँचवाँ अँगूठा है; वह एक ही हाथ में रहता हुआ भी नाम और रूप से भिन्न है और सब अँगुलियों पर शासन करता है; उसकी प्रकार चारों वेदों के साथ रहता हुआ भी पाँचवाँ आयुर्वेद इन सबमें मुख्य है। इसी से कालिदास ने कहा है– 'शरीरमाद्यं खलु धर्मसाधनम्।' धर्म का मुख्य साधन शरीर है।

वैदिक साहित्य में आयुर्वेद

ऋक्, यजु, साम और अथर्व ये चार वेद हैं। इनके चार उपांग हैं; यथा धनुर्वेद, गान्धर्व वेद, स्थापत्य वेद और आयुर्वेद। वेदों का विभाग होता, अध्वर्यु, उद्‌गाता और ब्रह्मा का काम यज्ञ कार्य का निरीक्षण है, जिससे यज्ञानुष्ठान में कोई त्रुटि न हो, उसे शेष तीनों के कार्य का ज्ञान होना आवश्यक है। विघ्न होने पर वह मंगलकारी मंत्रों से उसे दूर करता है; इसके लिए उपयोगी मंत्र अथर्ववेद में हैं। इसी से अथर्व का सम्बन्ध आयुर्वेद से है। मन्त्रों को संहिता–भाग कहा जाता है। वेदों की व्याख्या वाले भाग को ब्राह्मण कहा जाता है। ब्राह्मण के तीन भाग हैं – ब्राह्मण, आरण्यक और उपनिषद्। प्रत्येक वेद की अपनी–अपनी शाखाएँ हैं – अपने अपने ब्राह्मण, अपने–अपने आरण्यक और अपनी–अपनी उपनिषदें। आरण्यक अरण्य में रहकर (वानप्रस्थाश्रम में पढ़े जाते थे), उपनिषद–गुरू के समीप बैठकर पढ़ी जाती थीं ('समित्पाणिः श्रोत्रियं ब्रह्मनिष्ठं गुरूमेवाभिगच्छेत्')।

ऋग्वेद संहिता– इसका विभाग अष्टक, अध्याय, सूक्तः एवं मंडल, अनुवाक, सूक्त–इन दो रूपों में है। इसमें 10 मंडल और 1028 सूक्त तथा कुल मन्त्र 11000 हैं। शाखाएँ पाँच हैं – शाकल, वाष्कल, आश्वलायन, सांखायन और माण्डूकायन ब्राह्मण, आरण्यक और उपनिषद्–ऐतरेय तथा कौषीतकी इन्हीं नामों के दो–दो हैं।

यजुर्वेद संहिता– इसके दो भाग है; कृष्ण यजुर्वेद और शुक्ल यजुर्वेद। इस विभाग का कारण वैशम्पायन और याज्ञवल्क्य का सम्बन्ध शुक्ल यजुर्वेद से है। वैशम्पायन के अन्तेवासियों को चरक कहा जाता है। शुक्ल यजुर्वेद में केवल मंत्र संगृहीत हैं, कृष्ण यजुर्वेद में मंत्र तथा गद्यात्मक विनियोग हैं। यजुर्वेद में 40 अध्याय हैं। शुक्ल यजुर्वेद की दो शाखाएँ–काण्व और माध्यनिन्दन, ब्राह्मण शतपथ है, आरण्यक भी शतपथ अकेला है। उपनिषद् ईशोपनिषद और बृहदारण्यक हैं। कृष्ण यजुर्वेद की चार संहिताएँ हैं – तैत्तिरीय, मैत्रायणी, काठक और कपिष्ठल। इन्हीं चार संहिताओं के नाम से चार शाखाएँ भी हैं। आरण्यक तैत्तिरीय नाम का अकेला है। उपनिषद् – तैत्तिरीय, मैत्रायणी और कठोपनिषद् हैं।

सामवेद संहिता– सामवेद की ऋचाएँ छन्द, छन्दसी या छंदसिका कहलाती हैं। केवल 75 ऋचाएँ स्वतन्त्र हैं, शेष सब ऋग्वेद से ली गई हैं। शाखाएँ तीन हैं – कौथुमी, जैमिनीय और राणायनीय। ब्राह्मण चार हैं – ताण्ड्य षड्विंश, साम– विधान और जैमिनीय। आरण्यक – छान्दोग्य और जैमिनीय तथा उपनिषद् – छान्दोग्य, केन और जैमिनीय हैं।

अथर्ववेद संहिता – इसमें बीस काण्ड हैं जो प्रपाठक, अनुवाक और सूक्तों में बँटे हुए हैं। शाखाएँ–शौनक और पिप्पलाद हैं। ब्राह्मण गोपथ है, उपनिषद् मुण्डक और माण्डूक्य हैं।

प्रत्येक वेद के साथ उसके सूत्र ग्रन्थ भी होते हैं। सूत्र ग्रन्थों का विशेष सम्बन्ध ब्राह्मणों से है। ब्राह्मण भाग बहुत विस्तृत होने से कण्ठस्थ रखना सम्भव नहीं था, इसलिए इसे सूत्र रूप में संगृहीत किया गया – जिससे स्मरण रंह सके। सूत्रों के आगे स्मृति हैं, इसी से कालिदास ने कहा 'श्रुतेरिवार्थं स्मृतिरन्वगच्छत्'। वेदों से चला ज्ञान का प्रवाह भिन्न–भिन्न रूपों में बहता हुआ स्मृति के रूप में आकर समाप्त हुआ है। इस प्रवाह में जो भिन्न–भिन्न ज्ञान भिन्न–भिन्न धारा रूपों में अलग निकले उनमें एक आयुर्वेद ज्ञान भी है। इस प्रकार से

यह वैदिक साहित्य बहुत विस्तृत है, इस विस्तृत साहित्य में आयुर्वेद के वचन सब स्थानों में थोड़े या बहुत रूप में मिलते हैं। वेदों में जितने विस्तार से मिलते हैं उतने अन्य साहित्य में नहीं, क्योंकि यह धारा पीछे स्वतन्त्र रूप में बहने लगी थी[1]

वेदों में आयुर्वेद– वेदों के मंत्रों में देवतावाद है। प्रत्येक सूक्त का कोई देवता होता है। जिस सूक्त में जिस देवता की प्रार्थना हो वह उसका देवता होता है। इस प्रकार से अग्नि, अप् आदि देवताओं के समान रूद्र, इन्द्र आदि देवता हैं, उनके ही साथ अश्विनौ भी देवता हैं। अश्विनौ का मुख्य सम्बन्ध चिकित्सा के साथ है। अश्विनौ ने वैदिक देवताओं की चिकित्सा की थी।

अश्विनौ– वेदों में इन्द्र, अग्नि और सोम देवता के बाद अश्विनौ की गणना है। देवताओं में ये ही युगल है, सदा द्विवचन में प्रयुक्त होते हैं। देवताओं के लिए प्रकाश आनन्द तथा अन्य सुख की सामग्री देते हैं। ये जुड़वाँ भाई हैं, सदा युवा रहते हैं और प्राचीन हैं। सुनहरी चमक, सौन्दर्य और कमल की मालाओं से भूषित रहते हैं।

ये स्वर्ग के वैद्य हैं। नवीन आँखें, नवीन अंग प्रदान करते हैं। बिमारियों को दूर करते हैं और देवताओं को युवत्व प्रदान करते हैं। भुज्यु नामक राजा को इन्होंने समुद्र में डूबने से बचाया था। यास्क ने 'अश्विनौ' शब्द के कई अर्थ दिये हैं। जब कुछ अन्धेरा और थोड़ा प्रकाश होता है (छिटपुट प्रकाश), उसे भी अश्विनौ कहते हैं। प्रातःकाल और सायंकाल उदित होने वाले तारों को अश्विनौ कहते हैं। यास्क ने अश्विनीकुमारों को न सुलझने वाली पहेली लिखा है। ज्योतिषशास्त्र में अश्विनी कुमार तारों का समुदाय है, जो मनुष्यों के शुभ–अशुभ को देखता है। हठयोग के अनुसार वाम और दक्षिण नासास्वरों को अश्विनी कुमार कहते हैं। इनका ही दूसरा नाम इड़ा और पिंगला है। इनके रथ में कभी–कभी रासभ–गधे भी जुड़ते हैं; इस कल्पना से वायु के जोर से चलने पर जो साँ–साँ की आवाज होती है, उसके कारण वायु को अश्विन् कहते हैं। अश्विनौ यास्क के कहे अनुसार न सुलझने वाली समस्या हैं, परन्तु इनको देवताओं के चिकित्सक रूप में स्वीकार किया गया है।

अश्विनौ के काय–चिकित्सा और शल्य–चिकित्सा सम्बन्धी दोनों प्रकार के कार्य मिलते हैं। आयुर्वेद के आठ अंगों में ये दोनों अंग ही प्रधान हैं, शेष अंग सामयिक हैं और इन्हीं दोनों अंगों पर आश्रित हैं।

इन प्रधान दो अंगों के मिश्रित होने से 'अश्विनौ' एक उपाधि थी, जो कि काय–चिकित्सा और शल्य–चिकित्सा दोनों में दक्ष व्यक्तियों को प्रदान की जाती थी, अथवा यह एक संज्ञा थी, जो दोनों अंगों में निपुण वैद्य के लिए व्यवहृत होती थी। जिस प्रकार कि घोड़ों की चिकित्सा करने वाले व्यक्ति का 'शालि–होत्र' उपनाम है, इसी प्रकार शल्य–चिकित्सक के लिए धन्वन्तरि भी एक संज्ञा थी (चरक चि॰अ॰ 4514) और कायचिकित्सक के लिए 'चरक' या 'अत्रि' संज्ञा थी।

अश्विनी मुख्यतः देवताओं के चिकित्सक थे। आयुर्वेद परम्परा में अश्विनी ने प्रजापति से आयुर्वेद सीखा और अश्विनौ से इन्द्र ने सीखा। इन्द्र से भारद्वाज, धन्वन्तरी और काश्यप ने भिन्न–भिन्न अंग सीखे। देवताओं में ब्रह्मा, प्रजापति अथवा इन्द्र किसी ने भी चिकित्सा कर्म नहीं किया, इसका सम्बन्ध एक मात्र अश्विनौ से है। यद्यपि चरक में ब्रह्मा से एवं इन्द्र से सम्बन्धित योगों का उल्लेख हैं, परन्तु चिकित्सा कर्म का सम्बन्ध केवल अश्विनौ से ही हैं, ये ही देवताओं के चिकित्सक हैं, इसलिए वेदों में चिकित्सा सम्बन्धी सूक्तों के देवता अश्विनौ ही माने गये हैं।

रूद्र – औषधियों तथा स्वास्थ्य से सम्बन्ध रखनेवाला दूसरा देवता रूद्र वेदों में वर्णित हैं। इसके पास हजारों औषधियाँ है; इस अर्थ को व्यक्त करने के लिए 'जलाश' (**Cooling**) और 'जलाश–भेषज' ये दो विशेषण भिन्न–भिन्न अर्थों–वाले वेदमंत्रों में आते है ('क्व स्य ते रूद्र मृलयाकुरहस्तो यो अस्ति भेषजो जलाशः' – ऋग्वेद 2 |33 |7)। रूद्र को चिकित्सकों में श्रेष्ठतम चिकित्सक कहा गया है ('भिषक्तमं त्वा भिषजां शृणोमि' – ऋ. 2 |33 |4)। रूद्र से औषधियों की याचना की गयी है ('स्तुतस्त्वं भेषजा रास्यस्में'–ऋ. 2 |33 |12)।

चिकित्सा से या भेषज से अश्विनौ और रूद्र का सम्बन्ध होने से इन दोनों को अन्य देवताओं से कुछ कम महत्व दिया गया हैं। वेद में अश्विनौ को देवताओं का चिकित्सक कहीं नहीं कहा है। देवताओं के चिकित्सक रूप में अश्विनौ की कल्पना पुराणों में सबसे प्रथम आती है। पुराणों में ही ब्रह्मा, विष्णु और शिव इन तीन देवताओं को सृष्टि के कर्त्ता, पालक और संहारक रूप में निरूपण किया गया है। सम्भवतः सत्व, रज और तम इन शक्तियों को स्पष्ट करने के लिए यह कल्पना है। वेदों में ब्रह्मा, विष्णु, शिव का नाम इस रूप में नहीं आता, उनका सृष्टि के साथ कोई सम्बन्ध नहीं मिलता। ऋग्वेद में अश्विनौ को दीर्घ

हाथ वाले और नित्य युवा कहा गया है ('इमा ब्रह्मणि युवयून्यग्मन्'– ऋ. 7 I71 I6)। द्विवचनान्त देखकर निरूक्त में इनको द्यावा–पृथ्वी, सूर्य–चन्द्र, रात्रि–दिवस माना है। वेदों में भिशक् या भिषक्तम शब्द रूद्र के लिए ही आया है। इस प्रकार रूद्र की स्थिति वेदों में अश्विनौ के साथ मिलती है। दोनों को यज्ञ भाग के लिए अयोग्य माना गया है। दक्ष प्रजापति ने यज्ञ में रूद्र को नहीं बुलाया था, इसलिए रूद्र ने दक्ष का यज्ञ नष्ट कर दिया। इसी यज्ञ विध्वंस से ज्वर अर्थात् रोगों की उत्पत्ति हई है (अतिसार रोग की उत्पत्ति भी चरकसंहिता के यज्ञ में पशुवध से कही गयी है)।

वेदों में अश्विनौ और रूद्र देवता के अलावा अग्नि, वरूण, इन्द्र, अप् तथा मरूत् को भी भिषक् शब्द से कहा गया है। परन्तु मुख्य रूप से इस शब्द का सम्बन्ध रूद्र और अश्विनौ के साथ है। पुराणों में रूद्र को शंकर (शं–कर–कल्याणकारक) नाम देकर उसके साथ सृष्टिसंहार का काम जोड़ दिया गया और अश्विनौ को देवताओं का चिकित्सक वर्णित करके चिकित्सा का सम्बन्ध उनके साथ जोड़ा गया। पुराणों के देवता, उनका रूप तथा कार्य वेदों में वर्णित देवताओं से पृथक् है। वेदों में अश्विनौ को चिकित्सा विषयक क्षेत्रों का देवता कहा गया है, इसी के आधार पर पुराणों ने आयुर्वेद का सम्बन्ध इनसे जोड़ा है। पुराणों में काशीपति, दिवोदास, धन्वन्तरी भिन्न–भिन्न व्यक्ति माने गये हैं; परन्तु उपलब्ध सुश्रुतसंहिता में ये नाम एक ही व्यक्ति को सूचित करते हैं। इसलिए आयुर्वेद के विषय में पुराणों की परम्परा वेदों से भिन्न है। वेदों के देवता भी पुराणों से पृथक् हैं।

ऋग्वेद में आयुर्वेद – चिकित्सा का सम्बन्ध यद्यपि अथर्ववेद से अधिक है तथापि अन्य वेदों में भी इस विषय के मंत्र हैं। ऋग्वेद सबसे प्रथम माना जाता है, इसलिए इसमें आयु से सम्बन्धित मंत्रों का होना स्वाभाविक हैं। इन मंत्रों में सामान्यतः प्राकृतिक वस्तुओं से स्वास्थ्य की प्राप्ति का निर्देश है, जैसे आप–जल, औषधियों आदि। औषधियों में वनस्पतियों का मिश्रण नहीं मिलता। इससे स्पष्ट है कि यह ज्ञान प्रारम्भिक था, क्योंकि उपलब्ध आयुर्वेद संहिताओं में औषधियों का उपयोग एक ही द्रव्य के उपयोग की अपेक्षा मिश्रण रूप में अधिक मिलता हैं।

ऋग्वेद में आयुर्वेद के आचार्यों का उल्लेख है। ये नाम वैयक्तिक रूप में है अथवा इनका अन्य अर्थ है; यह निश्चय करना सरल नहीं।

वेदों में कुछ विद्वान् इतिहास मानते हैं और अन्य विद्वान् इन शब्दों का आध्यात्मिक अर्थ करते हैं। आयुर्वेद के ऐसे आचार्य मुख्यतः दिवोदास और भारद्वाज हैं। इनसे शल्य और काय–चिकित्सा का प्रचार पृथ्वी पर हुआ हैं। इन्होंने उसे इन्द्र से सीखा, इन्द्र ने अश्विनौ मंत्रों में आता है। (1 |8 |11)। ऋग्वेद में जिस प्रकार विश्वामित्र, च्यवन, इन्द्र आदि का नाम आता है और जिस प्रकार से सुदास नामक राजा के विरूद्ध भद्र, द्रुह्यु, तुर्वसु आदि दस राजा लड़ते हैं; उसी प्रकार के ये नाम भी हैं। बाद में इनका सम्बन्ध आयुर्वेद के आचार्यों से जुड़ गया है। लोहे की टाँग का उल्लेख ऋग्वेद में हैं, युद्ध में पुरोहित सदा साथ में रहता था, इसका कार्य अपने स्वामी की मंगलकामना करना होता था। कोई भी विघ्न आने पर वह प्रार्थना से अपने यजमान की रक्षा करता था। एक मन्त्र में पुरोहित अपने स्वामी की पत्नी की टाँग कट जाने पर लोहे की टाँग के लिए अश्विनौ से प्रार्थना करता है। वह पक्षी के समान हलकी टाँग चलने के लिए मांगता है –

'चरित्रं हि वेरिवाच्छेदि पर्णमाजा खेलस्य परितक्म्यायाम्।
सद्यो जंघामायसीं विष्पलायै धनेहि ते सर्त्तवे प्रत्यधत्तम्।।

(ऋ. 1 |176 |15)

पुरोहित अगस्त्य खेल नामक राजा की पत्नी विष्पला के लिए धातु–लौह की टाँग के लिए अश्विनौ से प्रार्थना करता है कि 'विष्पला की टाँग युद्ध में कट गयी है, इसलिए तुम जल्दी आकर रात्रि में ही पक्षी के पर के समान हलकी टाँग चलने के लिए लगा दो।'

आँखों का दान –ऋजाश्व को उसके पिता वृषगिर ने शाप से अन्धा बना दिया था, क्योंकि उसने वृक के लिए एक सौ भेड़ों को दिया था। इस ऋजाश्व को अश्विनौ ने पुनः आँखें प्रदान की थीं, क्योंकि अश्विनौ ही वृक रूप में थे (ऋ॰ 1 |116 |16)।

च्यवन ऋषि को पुनः युवा करना – इसका उल्लेख ऋग्वेद में है। च्यवन ऋषि के सम्बन्ध में पुराणों में उपाख्यान मिलता है, परन्तु वेद में इस उपाख्यान का कोई उल्लेख नहीं (ऋ. 7 |71 |5)।

दिव्य वैद्य – वेद में वैद्य का लक्षण बताते हुए कहा गया है – (1) सम्पूर्ण औषधियों को अपने पास ठीक रखने वाला, (2) विशेष प्रबुद्ध – अपने शास्त्र का पूर्ण, सांगोपांग ज्ञाता, (3) युक्ति और योजना को जानने वाला (भिषेज्यति), (4) राक्षसों का नाश करने में समर्थ; और

(5) रोगों को जड़ से उखाड़ सके (चातनः); ये पाँच लक्षण निम्न मंत्र में कहे गये हैं।

'यत्रोषधीः समग्मत राजानः समितामिव।
विप्रः स उच्यते भिषग् रक्षोहामीवचातनः।।'

जिस प्रकार से राजा लोग अथवा क्षत्रिय सभा में एकत्र होते हैं, उस प्रकार से जहाँ औषधियाँ इकट्ठी होती हैं, उस विशेष मनुष्य को वैद्य कहते हैं, वही राक्षसों का हनन करने वाला और रोग दूर करने वाला कहा जाता है।

राक्षसों के लिए वेद में रक्षः असुर, यातुधान आदि शब्द आते हैं। सुश्रुत में इनके लिए निशाचर, रक्ष आदि शब्द आते हैं ('निशाचरेभ्यो रक्षस्तु नित्यमेव क्षतातुरः।' रक्षाकर्म–'वेदनारक्षोघ्नैर्धूपैर्धूपयेत्। महावीर्याणि रक्षांसि पशुपति – कुबेरकुमारानुचराणि **मांसशोणितप्रियत्वात् क्षतजनिमितं** व्रणिनमुपसर्पन्ति।'– सुश्रुत. सू. 19।23)। कृमि और राक्षस दोनों की प्रकृति में बहुत साम्य हैं – (1) दोनों ही अन्धकार या रात्रि में आक्रमण करते हैं और प्रकाश को पसन्द नहीं करते, (2) सूर्य के प्रकाश से भागते हैं, (3) धूम–यज्ञ विधान से डरते हैं, (4) दोनों को मांस और रक्त प्रिय हैं, उन्हीं के लिए आक्रमण करते हैं, (5) दोनों मायावी हैं– नाना रूप बदलते हैं, (6) दोनों ही आँखों से अदृश्य हैं। इस प्रकृति–साम्य से कृमियों को 'राक्षस' शब्द से कहा गया है। इनसे बचने के लिए भी आदेश है–

शिष्य को चाहिए कि सदा नख और बाल कटवाकर रहे, पवित्र साफ–सुथरा रहे, श्वेत वस्त्र धारण करे, मन से शान्त तथा कल्याण के विचार करे, देवता, ब्राह्मण, गुरूओं का सत्संग करे–उनसे उपदेश लेता रहे, (सुश्रुत) व्रण रोगी को राक्षसों से बचाने के लिए श्वेत सरसों, नीम के पत्ते, घी और सैंधव के साथ नित्य प्रति से ही करने पर राक्षस–कृमि वहाँ नहीं आने पाते; जिस प्रकार कि सिंह से आक्रांत वन में छोटे पशु नहीं आते (सुश्रुत सू.अ. 20।28)। 'सर्वेऽपि च प्रायेणाहारकामा निशार्धविचारिणो भयानका मांसासृग्वसाशिनः।' यह वचन भूतों के लिए कहा है; ये भूत कृमि ही हैं।

ऋग्यजुःसामाथर्ववेदाभिहितैः परैश्चाशीर्विधानैरुपाध्याया भिषजश्च सन्ध्यो रक्षां कुर्युः।' (सुश्रुत सू. 20।28)। ऋग्वेद, यजुर्वेद, सामवेद और अथर्ववेद में कहे तथा अन्य आशीर्वादों – कल्याणकारी वचनों–उपायों

से उपाध्याय, पुरोहित और वैद्य सन्ध्याकाल में रक्षा करें। इस रीति वेद में राक्षस या इस प्रकार के अन्य शब्द आयुर्वेद से सम्बन्धित कृमियों के लिए ही हैं।

कृमि या राक्षस सजीव प्राणधारी सूक्ष्म जीव हैं जो आँख से नहीं दिखायी देते, इनके लिए शतपथ में कहा है–

'वह चर्म को झटक देता है और कहता है कि राक्षसों का नाश हो गया; असुरों का शत्रुओं का नाश हुआ। इस प्रकार विनाशक राक्षसों का संहार होता है।' (शत. ब्रा. 1 |1 |4)।

औषधि चिकित्सा– वनस्पति या औषधियों के उपयोग से रोग दूर होते हैं – औषधि का अर्थ ही वेदन को दूर करने वाली वस्तु है ('औषं रूजं ध्यति इति औषधि'); औष नाम रस का भी है, वह रस जिसमें रहता है वह औषधि है ('औषो नाम रसः सोऽस्यां धीयते इति औषधिः')। वेद में औषधि के लिए माता शब्द आता है (औषधी रीति मातरस्तद्वो देवीरूपब्रुवे।' ऋग्वेद 10 |97 |4) औषधियों के लिए एक सम्पूर्ण सूक्त हैं; जिसमें से कुछ अंश यहाँ दिया जाता है।

'या औषधीः पूर्वा जाता देवेभ्यस्त्रियुगं पुरा।
मनै नु बभ्रूणामहं शतं धामानि सप्त च।।

जो औषधि या वनस्पति और देवों से तीन युग पहले उत्पन्न हुई थी; उन भरण–पोषण करने वाली औषधियों के सौ और सात स्थान या जातियाँ है; ऐसा मैं जानता हूँ।

भू–मण्डल पर प्रथम वनस्पतियाँ उत्पन्न हुई थीं। इसके पीछे तीन युग व्यतीत होने पर (जल–जन्तुयुग, सर्पयुग, पशुयुग) मनुष्य युग उत्पन्न हुआ। इन औषधियों के एक सौ अथवा सात सौ या सौ और सात वर्ग हैं। (चरक में पाँच सौ औषधियों का उल्लेख है।)

'औषधीरिति मातरस्तद्वो देवीरूप ब्रुवे।
सनेयमश्वं गां वास आत्मानं तव पूरूषे।।' (ऋ. 10 |90 |14)

औषधियाँ सच्ची माताएँ है; देवियाँ – हित करने वाली माताएँ हैं; देव की शक्ति धारण करने वाली देवियाँ हैं (इससे चरक में दिव्य औषधियाँ पृथक् वर्णित हैं – "अयं च शिवः कालो रसायनानां दिव्याश्चौषधयो हिमवत्प्रभवाः प्राप्तवीर्याः तद्यथा– ऐन्द्री, ब्राह्मी, पयस्या.... ....पयसा प्रयुक्ता शण्मासात् परमायुर्वयश्च तरूणमनामयत्वं

स्वरवर्णसंपदमुपचयं मेधां स्मृतिमुत्तमबलमिष्टाँश्चापरान् भावाना– वहन्ति सिद्धाः'' – सू॰अ॰ 1 |4 |6)।

'औषधयः संवदन्ते सोमेन सह राजा।
यस्मै कृगोति ब्राह्मणस्तं राजन् पारयामसि।।' (ऋ. 10 |19 |22)

औषधियाँ सोम राजा से कहती हैं कि हे राजन्! जिस रोगी के लिए ब्रह्म का ज्ञान धारण करने वाला वैद्य हमारी योजना करता है, उस रोगी को रोग से हम पार कर देती हैं।

इस मंत्र में वैद्य का मुख्य लक्षण लोभी – अर्थलोभी न होना बताया गया है; उसे सच्चा ब्राह्मण होना चाहिए (ब्राह्मण का अर्थ आत्मज्ञानी है)।

औषधियों से रोग नाश–वीर्यवती औषधियों के सेवन से रोग के बीजों का नाश होता है। यथा–

'यदिमा वाजयन्नहमोशधीर्हस्त आदधे।
आत्मा यक्ष्मत्य नश्यति पुरा जीव गृभो यथा।।' (ऋ.10 |97 |110)

वाजयन् शब्द वाजीकरण नामक आयुर्वेद के एक अंग को सूचित करता है, वाज का अर्थ बल है, घोड़ा बलवान् होता है, उसे वाजी कहते है; शक्ति के माप की इकाई को भी ''अश्व गति'' कहते हैं। ''अवाजिनं वाजिनं कुर्वन्ति अनेन इति वाजीकरणम्। वाजो वेगः, वाजः शुक्रम्।'' औषधी को बलवती करके सेवन करने से रोग का बीज नष्ट होता है।

हे मरूत्! जो तुम्हारी रोगनाशक औषधियाँ निर्मल हैं, तुम्हारी जो औषधियाँ अतिशय सुखकारी हैं और जिन औषधियों को हमारे पिता मनु ने पहचाना है; उन औषधियों को – जिनका रूद्र से सम्बन्ध है, जो रोग को शान्त करती हैं, उनको मैं चाहता हूँ (ऋ. 8 |9 |14)।

रोगों का नाश – भिन्न भिन्न अंगों से रोग का निकालना–

'अक्षीभ्यां ते नासिकाभ्यां कर्णाभ्यां चुबुकादधि।
यक्ष्मं शीर्षण्यं मस्तिष्काज्जिह्वाया विवृहामिते।। (ऋ. 10 |164 |1)

यक्ष्म–रोग से पीड़ित व्यक्ति! तेरी आँखों से, कानों से, चिबुक से, सिर से, मस्तिष्क से और जिह्वा से रोग को पृथक् करता हूँ। यह मंत्र अथर्ववेद में भी है।

'ग्रीवाभ्यस्त उष्णिहाभ्यः कीकसाभ्यो अनूक्याऽत्।
यक्ष्मं दोषाण्य मंसाभ्यां बाहुभ्यां विवृहामि ते।।'[1]

रोग से पीड़ित मनुष्य! तेरी ग्रीवा से, उष्णिहा–धमनियों या नाड़ियो से, अस्थियों से, अस्थि–सन्धियों से दोष्णों से (?), अंसों से, बाहुओं से रोग को जड़ से निकालता हूँ।

अथर्ववेद का यह मंत्र ऋग्वेद में भी (10।164।4–6 में) थोड़े परिवर्तन के साथ है। इनमें अंगों के नाम लिखे हैं। इन अंगों से, लोमों में से, पर्व–पर्व में से, त्वचा में से रोग को निकालने का उल्लेख है।

जल चिकित्सा– वैदिक मंत्रों में मरूत्, अग्नि, सूर्य, अप् इनको भी देवता माना गया है। इनके द्वारा मनुष्य तथा दूसरे प्राणियों का जीवन चलता है। यास्क ने देवता अन्तरिक्ष स्थान (मध्य स्थान) या पृथ्वी स्थान और द्यु स्थान पर रहने वाले बताये हैं। अप् भी इनमें एक देवता है, उससे भी आरोग्य की कामना की गयी है–

'सोम ने मुझसे कहा कि जल के अन्दर सम्पूर्ण औषधियाँ हैं। जल ही सब औषधि हैं; अग्नि सब को आरोग्य रूप देनेवाला है (ऋ. 1।23।20)। पानी में अमृत है, पानी में औषध है (ऋ.10।136।6)।

'जल निःसन्देह औषध है, यह निःसंशय रोगों को दूर करने वाला है, जल सब रोगों की एक ही दवा है; यह जल तुम्हारे लिए औषध है।'

इस मंत्र में स्पष्ट कहा है कि सम्पूर्ण रोग एक जल के ही प्रयोग से दूर हो सकते हैं; आर्यों की सन्ध्या में (जो कि दिन में तीन बार, दो बार या एक बार की जाती है) प्रथम मंत्र में जल की स्तुति है – "शंनो देवीरभिष्टय आपो भवन्तु पीतये। शं योरभिस्त्रवन्तु नः।" – जल

---

[1] **अर्श – 'केचित्तु भूयांसमेव देशमुपदिशन्त्यर्शसां शिश्नमपत्यपथं गलतालुमुख – नासिकाकर्णाक्षि वर्त्मानि त्वक् चेति।' 'सर्वेषां चार्शसामधिष्ठानं मेदो मांसं त्वक् च।' (चरक चि.अ.14।6)**

चिकित्सा – 'तत्राहुरेके शस्त्रेण कर्त्तनं हितमर्शसाम्। दाहं क्षारेण चाप्येके दाहमेके तथाग्निना। अस्त्येतद् भूरितंत्रेण धीमता दृष्टकर्मणा। त्रियते त्रिविधं कर्म भ्रंशस्तत्र सुदारूणः।।

शरीर की शुद्धि करने वाला है, औषधियों में भी यही जल सोमरूप में स्थित है (सोमो भूत्वा रसात्मक–गीता)। जल चिकित्सा का विकास इसका उदाहरण है।

प्रसूति सम्बन्धी ज्ञान – गर्भाशय तथा योनि के रोगों को दूर करने के लिए ऋग्वेद में अग्नि तथा अन्य साधनों का उपयोग बतलाया गया है –

"ब्रह्म–मंत्र के साथ एक–मत हुई, राक्षसों का नाश करने वाली अग्नि इस स्थान से राक्षसों को दूर करे। जो राक्षस रोग रूप होकर तेरे गर्भाशय में रहते हैं, उनको मारे, दुर्नाम रोग जो तेरी योनि में – गर्भाशय में है उसे नष्ट करे, जो दुर्नाम तेरी योनि में – गर्भाशय में है उसे नष्ट करे, जो दुर्नाम तेरी योनि में है उस मांसाशी राक्षस को अग्नि सम्पूर्ण रूप से नष्ट करे।[2] हे योषित्! तेरे गर्भाशय में रेत रूप में जाकर रहने वाले गर्भ को जो राक्षस आदि नष्ट करते हैं; तीन मास के गतिशील गर्भ को जो राक्षस नष्ट करते हैं, दशम मास में उत्पन्न तेरे शिशु को जो राक्षस नष्ट करते हैं, उनको इस स्थान से अग्नि नाश कर दे।[2] हे योषित्! तेरे पादमूलों में जो राक्षस आदि गर्भनाश के लिए चिपके हैं, पति–पत्नी के बीच में जो सोते हैं, जो योनि में घुसकर प्रविष्ट रेत को चाटते हैं, उन सबको मैं नाश करता हूँ।' (ऋ. 10।162।1–4)।

इन मंत्रों में कृमि या संक्रमण के गर्भाशय में पहुँचने के मार्गों का तथा उनसे गर्भाशय को होने वाली हानियों का उल्लेख है। इसमें अग्नि का उपयोग कहा गया है। आयुर्वेद में अग्निकर्म का महत्व है, क्योंकि 1. इससे जलाये रोग पुनः उत्पन्न नहीं होते, 2. औषध, शस्त्र और क्षार द्वारा असाध्य रोग इससे साध्य होते हैं, इसलिए अग्निकर्म

---

[2] 'चतुर्थे (मासे) सर्वांगप्रत्यंगविभागः प्रव्यक्तो भवति।
गर्भहृदयप्रव्यक्ति–भावाच्चेतनाधातुर भिव्यक्तो भवति। कस्मात्
त्तस्थानत्वात्। तस्माद् गर्भश्चतुर्थे मासि अभिप्रायमिन्द्रि यार्थेशु करोति,
द्विहृदयां च नारों दौहृदिनीमाचक्षते।' (सुश्रुत. शा.अ. 3।18)

'तस्मिन्नेकदिवसातित्रान्तेऽपि नवममासमुपादाय प्रसवकालमित्याहुरादशमान् मासात्।' (चरक शा.अ.4)

महत्वपूर्ण है (सुश्रुत सू.अ. 12।3)। राक्षस–कृमियों को मारने तथा उनके विष संक्रमण को नाश करने का **सबसे उत्तम उपाय अग्नि ही है।** यही इन मंत्रों में बताया गया है।

सौर–चिकित्सा– सूर्य की किरणों द्वारा जो चिकित्सा की जाती हैं, उसे सौर चिकित्सा कहते हैं। कृमि–जिनके लिए वेद और आयुर्वेद में रक्ष या राक्षस निशाचर या यातुधान शब्द आये हैं; वे सूर्य से नष्ट होते हैं। इसी से वेद में कहा गया है – 'उद्यन्नादित्यः कृमीन् हन्ति'–उदित होता हुआ सूर्य कृमियों को मारता है। सूर्य के प्रति वेदमंत्रों में प्रार्थना है –

'नः सूर्यस्य संदृशे मा युयोथाः।।' (ऋक्. 2।33।1)

'सूर्य आत्मा जगतस्तस्थुषश्च।।' (ऋक्. 1।115।1)

सूर्य के प्रकाश से हमारा कभी वियोग न हो। सूर्य स्थावर–जंगम की आत्मा है। उपनिषद् में सूर्य को प्राण कहा गया है ('आदित्यो ह वै प्राणः'–प्रश्न उप. 1।5)। भारत में घरों की द्वार बनाने में पूर्व या उत्तर दिशा को ही पसन्द किया जाता है, जिससे सूर्य का प्रकाश पूर्णरूप से पहुँच जाय (प्राङ्मुखमुदङ्मुखं वाऽभिमुखतीर्थं कूटागारं कारयेत्'– चरकः सू.अ. 14।46'; 'प्राग्द्वारमुदग्द्वारं वा सूतिकागारं कारयेत्'– चरकः शा.अ. 8।33)।

वायु चिकित्सा– वायु मातरिश्वा भी देवता है। उपनिषद् में कहा गया है कि वायु ही प्राण बनकर शरीर में आकर रहता है ('वायुर्ह वै प्राणो भूत्वा शरीरमा– विषत्')। वायु में अमृत का खजाना है, ऐसा ऋग्वेद में कहा गया है। (10।186)।

'आ वात वाहि भेषजं विवात वाहि यद्रपः।
त्वं हि विश्वभेषजो दिवानां दूत ईयसे।।' (ऋक्. 137।3)

हे वायु! अपनी दवाई ले आओ और यहाँ से सब दोष दूर करो; क्योंकि तुम ही सब औषधियों से युक्त हो।

प्राण और अपान इन दोनों वायुओं के लिए वेद में निर्देश हैं। प्राण से शरीर में बल भेजने और अपान से शरीर के पाप–रोगों को बाहर निकालने के लिए कहा गया है –

'द्वाविमौ वातौ वात आ सिन्धोरा परावतः।
दक्षं ते अन्य आ वातु परान्यो वातु यद्रपः।।' (ऋ. 10।137।2)

ये दो वायु–पुरोवात (प्राण) और पश्चाद्‌वात (अपान) समुद्र से लेकर अथवा समुद्र से भी अधिक दूर से (सिर से लेकर पैर के नख तक सम्पूर्ण शरीर में) चलती हैं। इनमें एक वायु (प्राण) तुझ स्तोता के अन्दर बल का संचार करे और दूसरा (अपान) वायु शरीर का पाप बाहर करें। गीता में इन्हीं दोनों प्राण, अपान को नियन्त्रित करने को कहा है ('प्राणपानौ समौ कृत्वा नासाभ्यन्तरचारिणौ। यतेन्द्रियमनोबुद्धिः मुनिर्मोक्षपरायणः।।' 'कोई योगी अपान में प्राण का यज्ञ करता है; दूसरा प्राण में प्राण का यज्ञ करता है – प्राणायाम द्वारा वायु का अवरोध करके प्राण–अपान को रोकता है' (गीता 4।29)। मनुस्मृति में कहा गया है कि प्राणायाम के द्वारा इन्द्रियों के मल उसी प्रकार से नष्ट हो जाते हैं, जिस प्रकार अग्नि में तपाने से धातुओं के मल नष्ट होते हैं।

मानस चिकित्सा – रोग के दो ही अधिष्ठान हैं– मन और शरीर। मन के दो दोष हैं – रज और तम। शरीर में रोग होने से पूर्व मन रूग्ण होता हैं। कई बार शरीर स्वस्थ दिखता है, परन्तु मन ही अस्वस्थ रहता है (यथा ज्वर के पूर्णरूप में – 'वैचित्र्यमरतिर्ग्लानिर्मनसस्तापलक्षणम्')। उन्माद, अपस्मार रोगों का सम्बन्ध मन और बुद्धि से ही है (चरक नि.अ. 7।5)। इसलिए मन को ही मुक्ति तथा बन्धन का कारण माना गया है। इस मन की चिकित्सा का भी उल्लेख वेदों में है–

'दस शाखाएँ जिनकी हैं ऐसे अपने दोनों हाथों से तुमको स्पर्श करता हूँ। ये मेरे हाथ निरोग करने वाले हैं। साथ में अपनी वाणी को भी प्रेरित करता हूँ।' (ऋ. 10।137।7)

आत्मबल और मन के बल से चिकित्सा होती है। इससे सुश्रुत में रोगी के मन को स्वस्थ रखने के लिए कहा है (सु. सू. अ. 19।7–8)। चरक में भी इसी से कथा, आख्यायिका, इतिहास, स्तोत्र पाठ करने वालों को रोगी के पास रखने के लिए कहा गया है –

"तथा गीतवादित्रोल्लापकश्लोकगाथाख्यायिकेतिहासपुराण कुश– लानभिप्रायज्ञाननुमतांश्च देशकालविदः पारिषद्यांश्च।" (चरक. सू. अ. 15।7)

मन की महत्ता यजुर्वेद में निम्न प्रकार से बतायी गयी है (यजु:34)–

मन प्राणियों के अन्दर अमृतरूप है। मन के बिना कोई भी कर्म किया नहीं जा सकता। मन के द्वारा सप्त–होता यज्ञ फैलाया जाता है

(दो कान, दो नामक, दो आँख और एक मुख ये ही सात होता हैं। इनसे पुरूष रूपी यज्ञ मन के द्वारा चलाया जाता है)। उत्तम सारथी जिस प्रकार से घोड़ों को चलाता है, उसी प्रकार यह मन मनुष्यों को चलाता है।' उपनिषद् में आत्मा को रथी, रथ वाला कहा गया है, मन को इसका सारथी बताया है; इन्द्रियाँ घोड़े हैं। मन ही इन्द्रियों को वश में रखता है; जिस प्रकार कि सारथी घोड़ों को काबू में रखता है। भयंकर तूफान आने पर समुद्र में जहाज को जैसे लंगर स्थिर रखता है, उसी प्रकार विचारों के ऊहापोह में गोता खाने वाले मन को प्राणायाम ही नियंत्रित करता है। मन को वश में करने का साधन प्राणायाम है और इन्द्रियों को वश में रखने वाला मन है। मन के बल से बहुत से रोग नष्ट होते हैं।

हवन चिकित्सा– अत्रिपुत्र ने राजयक्ष्मा की चिकित्सा में यज्ञ विधान बताया है–

'जिस यज्ञ के द्वारा राजयक्ष्मा पूर्व काल में नाश किया गया है; उसी वेदविहित यज्ञ को आरोग्य को चाहने वाला रोगी करे।' (चरक चि.अ. 8।189)

यज्ञ–हवन से रोग नाश होते हैं। इसका उल्लेख अथर्ववेद में है–

'हवन के द्वारा अज्ञात रोग से तथा क्षयरोग से भी तुमको दीर्घ जीवन के लिए छुड़ाता हूँ (अथर्व॰ 3।11।1)।' यज्ञ से वायु की शुद्धि होती है, जहाँ सामान्य वस्तु नहीं जा सकती वहाँ सूक्ष्म वायु–धूम पहुँच जाता है। इसलिए नगरों में पानी के नल बैठाते समय नलों की सन्धि परीक्षा धूम से की जाती है। अत्रिपुत्र ने छाती के स्त्रोतों में छिपे हुए कफ को निकालने के लिए धूम का विधान किया है। यही एक ऐसी वस्तु है, जो कि सूक्ष्म से सूक्ष्म स्त्रोतों में पहुँचती है ('लीनश्चेद् दोषशेषः स्याद् धूमस्तं निर्हरेद् बुधः – चरक. चि.अ. 17।77)। इसलिए रोगी के कमरे में उसके पास बराबर यज्ञ की धूमाग्नि रहनी चाहिए। इससे वायुमण्डल की शुद्धि तो होगी ही, साथ ही रोगी के शरीर में यह सुवासित धूम रोग के कीटाणुओं को नष्ट कर देगा। क्षय रोग में धूम का विशेष महत्व है। इसी से अत्रिपुत्र ने वेदविहित यज्ञ का विधान किया है।

यजुर्वेद में आयुर्वेद

यजुर्वेद के दो भाग हैं – एक तैत्तिरीय शाखा और दूसरी वाजसनेयी शाखा। इनका सम्बन्ध मुख्यतः कर्मकाण्ड से है, इसलिए शरीर के अंगों के नामों का उल्लेख शत–पथ ब्राह्मण में मिलता है। यजुर्वेद के वर्ण्य विषय का ज्ञान एक मात्र वाजसनेयी संहिता के अध्ययन से हो सकता है। इस संहिता में 40 अध्याय हैं।

औषधि सूक्त– यजुर्वेद में औषधियों के लिए बहुतेरे मंत्र आये हैं, इनसे स्पष्ट है कि औषधियों का उपयोग यज्ञकर्म तथा स्वास्थ्य के लिए विशेष होता था। औषधियों से नाना प्रकार की प्रार्थना की गयी है। ऋग्वेद के मंत्र भी इस संहिता में बहुत आये हैं। यथा–

'औषधियाँ जो कि तीन युगों से पहले उत्पन्न हुई, उन भरण–पोषण करने वाली औषधियों के सौ और सात स्थान है; ऐसा मैं जानता हूँ। हे माता औषधियों (माता के समान स्नेह और रक्षा देने वाली)! तुम्हारे अपरिमित जन्म स्थान हैं, तुम्हारे प्रोद्‌गम असंख्य हैं, तुम्हारे कर्म असंख्य हैं। इसलिए तुम मुझको रोग रहित करो।

हे औषधि! तुम माता के समान हो, इसलिए हे देवि! तुमसे प्रार्थना करता हूँ कि तुमको मैं घोड़ों, गायों तथा अपने लिए औषधि रूप में – रोगनाश करने के लिए देता हूँ। जो फलवाली, जो फलरहित, जो पुष्परहित और जो पुष्पवाली हैं; जिनको बृहस्पति (परमात्मा) ने उत्पन्न किया है, वे मुझे पाप–रोग से छुड़ायें।[3] हे औषधियों! तुमको खोदने वाला नष्ट न हो, और जिसके लिए मैं खोद रहा हूँ वह व्यक्ति भी

---

[3] तक जाकर ऐसी औषधि लाने को कहा जिसमें कोई गुण न हो; तब वह घूमकर निराश लौटा और कहा कि ऐसी कोई औषधि नहीं जिसमें गुण न हो। इसी से अत्रिपुत्र ने है कहा– "नानौषधिभूतं जगति किंचिद् द्रव्यमुपलभ्यते तां तां युक्तिमर्थ च तं तमभिप्रेत्य।।" (चरक.) सू.अ. 26।12।

औद्‌भिदं तु चतुर्विधम्– 'वनस्पतिस्तथा वीरूद् वानस्पत्यस्तथौषधिः। फलैर्वनस्पतिः पुष्पैवनिस्पत्यः फलैरपि।। औषध्यः फलपाकान्ताः प्रतानैर्वीरूधः स्मृताः।। (चरक. सू.अ. 1।70।72)

नष्ट न हो। दो पैरवाले मानव एवं चार पैरों वाले पशु सब रोगरहित हों।

हे औषधि! तू श्रेष्ठ है, तेरे सब वृक्ष अधःशायी हैं; जो हमारा नाश करना चाहता है या करता है, वह तेरे नीचे आये।' (वा॰सं॰ 12।74–79,89,95)

औषधियों को केवल नाम और रूप से जानने का महत्व नहीं। नाम और रूप से तो औषधियों को जंगल में गाय–भेड़ चराने वाले चरवाहे तथा अन्य पर्वत– अरण्यवासी भी जानते हैं। इनके उपयोग को देशकाल के अनुसार एवं प्रत्येक पुरूष की विवेचना करके जो जानता है, वही सच्चा भिषक् है (चरक सू॰अ॰ 1।120–123)।

फलवाली औषधियाँ वनस्पति हैं, इनमें फूल दृश्य नहीं होता, यथा गूलर; 'तेषा–मपुष्पाः फलिनो वनस्पतय इति स्मृताः – हारीत)। पुष्प आने के पीछे जिनमें फल आता है, वे वानस्पत्य हैं, आम, नारंगी आदि। फल आने पर जिनका नाश हो जाता है, वे औषधियाँ हैं, यथा – मूँग, तिल आदि। प्रतानवाली लता आदि वीरूध हैं, यथा – चमेली–मालती आदि।

'धत्ते भरं कुसुमपत्रफलावलीनां घर्मव्यथां
वहति शीतभवा रूजश्च।
यो देहमर्पयति चान्यसुखस्य हेतोस्तस्मै
वदान्यगुरवे तरवे नामोऽस्तु।।'

जो वृक्ष फूल–पत्ते और फलों के बोझ को उठाये हुए धूप की तपन और शीत की पीड़ा सहन करता है, तथा दूसरे के सुख के लिए अपना शरीर अर्पित कर देता है, उस वन्दनीय श्रेष्ठ तरू के लिए नमस्कार है। यही उदात्त भावना वेद मंत्रों में है। इस महान भावना का आदिम स्त्रोत वेद की ऋचाएँ ही हैं। वेद में औषधियों की राज्ञी कहा गया हैं ('या औषधीः सोमराज्ञीर्बह्वीः शतविचक्षणाः।' यजु. 12।92)। औषधियाँ माता की तरह रक्षा करती हैं। जिस मनुष्य को औषधियों का सम्यक् ज्ञान होता है, उसे ही भिषक् कहा जाता है। राजा लोग जिस प्रकार समिति (आस्थान मण्डप) में एकत्रित होते हैं, उसी प्रकार जिसमें औषधियाँ एकत्र रहती हैं वही विप्र सच्चा भिषक् है, और वही राक्षस और रोगों को दूर कर सकता है[1] (यजु. 12।8)।

वेद में औषधियों की माता को इश्कृति (सर्वेषां रूग्णानां निष्कर्त्री) सब रोगों को निकालने वाली कहकर प्रार्थना की गयी है। 'हे औषधियों! तुम भी मेरे रोगों को निकालो' (यजु:12।83)।

'अवपतन्तीरवदन् दिव औषधयस्परि।
यं जीवमष्नवामहै न स रिष्यति पूरूषः।।' (यजु. 12।91.)

औषधियाँ कहती हैं कि आकाश–द्युलोक से आती हुई हम जिस व्यक्ति के पास पहुँच जाती हैं, वह किसी भी तरह नष्ट नहीं होता है।

दिव्य वैद्य – जो रोगों को जड़ से नष्ट करता है, राक्षसों को मारता है, वह वेद में दिव्य भिषक् कहा गया है –

'कम न होने वाले, सदा बढ़ने वाले रोग बीजों को नष्ट भ्रष्ट करने वाला और सब राक्षसों को नीचे की ओर से निकालने वाला है, वह उपदेशक पहला दिव्य वैद्य है।' (यजु. 16।5)।

अथर्ववेद में आयुर्वेद

अथर्ववेद में आयुर्वेद का विषय विशेष विस्तार से आया है। अथर्ववेद का सम्बन्ध ही आयुर्वेद उपांग से है –

'तत्र भिषजा पृष्टेनैवं
चतुर्णामृक्सामयजुरथर्ववेदानामात्मनोऽथर्व वेदे भक्ति
रादेश्या। वेदो ह्माथर्वणो दानस्वस्त्यनबलि
मंगलहोमनियमप्रायश्चित्तोपवासमंत्रादि–
परिग्रहाच्चिकित्सां प्राह। चिकित्सा चायुशो
हितायोपदिश्यते।।" (चरक. सू.अ. 30। 21)

काश्यप संहिता में औषध और भेषज का भेद बताते हुए कहा है कि दीपन आदि गुणवाली वस्तुओं के लिए औषध शब्द आता है; हवन, व्रत, तप, दान रूपी शान्ति–कर्म के लिए भेषज शब्द आता है (काश्यपसंहिता, औषध– भेषजेन्द्रियाध्याय)। अथर्ववेद में शान्ति कर्म विशेष रूप से है। इसी से कुछ सज्जन इसका सम्बन्ध जादू–टोने से लगाते है। शान्ति कर्म–स्वस्ति–पाठ आदि भी चिकित्सा कर्म हैं। सूतिकागार में प्रवेश करने से पूर्व अथवा शस्त्रकर्म करने से पूर्व स्वस्तिवाचन, शान्तिपाठ करने का विधान है, चरक. शा. अ. 8।35; सुश्रुत. चि. अ. 7।30)।

अथर्ववेद में वनस्पतियों का स्पष्ट नामोल्लेख, कृमि सम्बन्धी जानकारी, शल्य– चिकित्सा और प्रसूतिविज्ञान आदि विषय मिलते हैं। अथर्ववेद का सम्बन्ध मनुष्य जीवन के साथ क्रियात्मक रूप में होने से आयुर्वेद का सम्बन्ध इसी से विशेष हैं।

कृमिविज्ञान – कृमियों से अभिप्राय रोगोत्पादक सूक्ष्म जीवाणुओं से है, जो कि सामान्यतः आँख से दृश्यमान नहीं हैं। ये मनुष्य को हानि पहुँचाते हैं। इनमें से बहुतेरे सर्प–सर्पणशील, रेंगने वाले हैं, इनको नष्ट करने के लिए कहा गया है। ये कृमि पृथ्वी, अन्तरिक्ष और द्युलोक में रहते हैं। (यथा – यजुर्वेद में कहा गया है – ''नमोऽस्तु सर्पेभ्यो ये के च पृथिवीमनु। ये अन्तरिक्षे ये दिवि तेभ्यः सर्पेभ्यो नमः।।' 13।6) इन कृमियों को नाश करने का उल्लेख अथर्ववेद में विशेष रूप से है –

'रक्त और मांस को दूषित करने वाले जन्तुओं को बहुत बड़े मारने के साधनों से मारता हूँ। जो जन्तु मेरे द्वारा बनायी औषधी आदि से पीड़ित हैं या जो नहीं पीड़ित हैं, वे सब सूख गये हैं। जो बच गये, पहले नहीं मरे, उनको मंत्र के बल से मारता हूँ, जिससे इनको बीच में कोई भी न बचे।' (अथर्व. 2।31।3)

अनुक्रम से आन्त्रों में उत्पन्न, सिर में उत्पन्न और पीठ में उत्पन्न कृमियों को नष्ट करता हूँ । जो कृमि नीचे जाने के स्वभाव वाले, या नाना मार्गों में पहुँचते है; इस प्रकार के नाना प्रकार के कृमियों को मंत्र से मारता हूँ। पर्वत आदि में जो कृमि हैं वे हमारे शरीर में वर्ण–मुख से या अन्न–पानादि द्वारा प्रविष्ट हो गये है; उन सबको मंत्र से मारता हूँ।' (अथर्व. 2।31।4–5)

'उदय होता हुआ सूर्य अपनी किरणों से कृमियों को मारे। अस्त होता हुआ सूर्य अपनी किरणों से कृमियों का नाश करे। जो कृमि गौओं के शरीर में रहते हैं, उनको नष्ट करे। हे कृमियो! तुमको अत्रि के समान, कण्व के समान, जमदग्नि के समान मंत्र सामर्थ्य से मैं भी मारता हूँ तथा अगस्त्य के मंत्र से मैं कृमियों को इस प्रकार से नाश करता हूँ जिससे वे फिर उत्पन्न न हों। हमसे प्रयुक्त औषधियों और मंत्र द्वारा कृमियों का राजा नष्ट हो गया है; इन कृमियों का मंत्री भी मारा गया, माता भी नष्ट हो गई, बहिन भी जाती रही, भाई भी मारा गया। (अथर्व. 2।32।1–4)

इस कृमिकुल के निवेश स्थान मुख्य घर को नष्ट करता हूँ, इस कुल के चारों ओर के अन्य घरों को भी नष्ट करता हूँ। बीजावस्था में – सूक्ष्म रूप में ही इन सब कृमियों को नष्ट करता हूँ। हे कृमि! तेरे सींगों (प्रवर्धन) को नष्ट करता हूँ, जिन दो सींगों से तू विशेष रूप में पीड़ा करता है।[4] तेरे कुसुम्भ–अवयव विशेष को नष्ट करता हूँ। जिस अवयव में विष रहता है, उस अवयव को नष्ट करता हूँ।' (अथर्व. 2 ।32 ।5 ।6)

(जिस प्रकार साँप के मुख की थैली में और बिच्छू के पीछे की थैली में विष रहता है, ऐसे अवयव को 'कुसुम्भ' कहते हैं।)

कृमियों से द्युलोक और पृथ्वीलोक मेरी रक्षा करें, सरस्वती देवी मेरी रक्षा करे, इन्द्र और अग्नि मेरी रक्षा करें, इन कृमियों को पीस डालें। जो कृमि आँख में, नासिका में तथा मध्य भाग में पहुँचते हैं, उनको नष्ट करता हूँ। जिन कृमियों का पेट श्वेत है, जिनका पेट काला है, जिनकी भुजाएँ श्वेत हैं, और जो कृमि नाना रूप बदलते हैं (मलेरिया के जीवाणु का जीवन चक्र इसका अच्छा उदाहरण है– यह कितने रूप बदलता है), उन कृमियों को नष्ट करता हूँ। सब पुरूष कृमियों का, सब स्त्री–जाति कृमियों का सिर पत्थर से पीसता हूँ; इनके मुख को अग्नि से जलाता हूँ।' (अथर्व. 5 ।23 ।1,3,5)

'येषां पश्चात् प्रपदानि पुरः पार्ष्णिपुरोमुखाः
ये शालाः परिनृत्यन्ति सायं गद्रभनादिनः।
कुसूला ये च कुक्षिलाः ककुभाः करूमा स्त्रिभाः।
तानोशधे ! त्वं गन्धेन विशूचीनान् विनाशय।।' (अथर्व. 8 ।6 ।15,10)

---

[4] जो गायें धूप में बाहर चरने जाती हैं, अधिक समय धूप में बिताती हैं, उनको क्षयरोग नहीं होता है। भारत वर्ष में आधुनिक दुग्धशाला की प्रथा नहीं, गायें चरागाह में देहातों में बाहर रहती हैं, इसलिए भारत में गाय के दूध से होने वाले क्षय रोग का रोगी अभी नहीं मिला। इस दृष्टि से गायों को बाहर खुले मैदान में भेजना जरूरी है।

कृमि के मुख के पास दो लम्बे नुकीले प्रवर्धन होते हैं (जैसे कि झींगुर के होते हैं), इनसे तथा अपने डंक से यह मनुष्य के शरीर में प्रवेश करते हैं, उसके साथ सम्बन्ध जोड़ते हैं।

'जिन कृमियों के पैर पीछे को और एड़ी आगे को तथा मुख सामने है, ऐसे कृमियों को नष्ट करता हूँ। जो कृमि कुछ स्थूल, जो कृमि बढ़े हुए पेट वाले, जो कृमि सुख के दुश्मन–सुखनाश करने वाले है; स्त्रिभा–रोग को उत्पन्न करते हैं, जो सायंकाल में ही आक्रमण करता है), जो कृमि सायंकाल के समय गोशाला, भोजनशाला, पाक–शाला आदि स्थानों में नाचते है, उन सबको तथा उड़कर रोगों को लानेवाले सब दुष्ट जन्तुओं को, हे औषधि! तू अपनी गन्ध से नष्ट कर दे।'

इसलिए वस्तुओं को कृमिरहित करने के लिए सुगन्धित द्रव्य का प्रयोग किया जाता है, गरम कपड़ों को कीड़ों से बचाने के लिए प्राचीन काल में चन्दन, कूठ, कपूर देवदारू का उपयोग होता था, और आज फिनायल की गोली बरती जाती है। अत्रिपुत्र ने बच्चों के वस्त्रों को इसीलिए सुगन्धित द्रव्यों से धूप देने का विधान किया है (चरक. वि.अ. 8 ।61)। सूतिकागार में भी होम का विधान है (चरक. शा. अ. 8 ।41)।

अथर्ववेद में वनस्पतियाँ – अथर्ववेद में कुछ वनस्पतियों का उल्लेख नाम से है; इनमें कुछ औषधियाँ स्पष्ट हैं और बहुत–सी अनिर्णीत हैं। वनस्पतियों का उपयोग अलग–अलग स्वतंत्र रूप में ही मिलता है; इनको मिश्रित रूप में नहीं बरता जाता था।

पिप्पली – पिप्पली औषधि जीवन के लिए उपयोगी है। पिप्पली वातरोग, और उन्माद अपस्मार (जिनमें चित्त उत्क्षिप्त हो जाता है) की उत्तम औषधि है। (अथर्व. 6 ।109 ।1–3)

इसी अर्थ को अत्रिपुत्र ने स्पष्ट किया है; पिप्पली 'आपातभद्रा' हैं, सब प्रकार से मंगलकारी है, इसे सब ऋषियों ने बरता है, किसी भी रूप में यह हानि नहीं कर सकती। फिर भी इसका उपयोग निषिद्ध है।

पिप्पली कटु रसवाली होने से विपाक में मधुर है; गुरू है, मध्य दर्जे में स्निग्ध और उष्ण है, शरीर में क्लेद उत्पन्न करती है, वैद्यों को मान्य है, यह जल्दी ही शुभ–अशुभ परिणाम करती है, ठीक प्रकार से प्रयोग करने पर नितान्त कल्याणकारी है। अधिक उपयोग से यह दोष संचय को उत्पन्न करती है – निरन्तर इसका उपयोग भारी और प्रक्लेदी होने से कफ को कुपित करता है। गरम होने से यह पित्त को दूषित करती है, वात का भी शमन नहीं करती है क्योंकि इसमें स्नेह कम होता है; गरमी भी कम होती है। पिप्पली योगवाही है (जिस वस्तु

के साथ दी जाती है, उसके गुण को बढ़ाती है)। इसलिए पिप्पली का अधिक सेवन नहीं करना चाहिए (पिप्पली का अति प्रयोग मसाले आदि के रूप में खान–पान में निषिद्ध है)। (चरक–वि.अ. 1।16)

अपामार्ग – इसको देहात में 'चिरचिटा' या 'ओंगा' कहते हैं। अथर्ववेद की यह औषधि अवश्य महत्वशाली है, इसी से अत्रिपुत्र ने अपने दूसरे अध्याय का प्रारम्भ 'अपामार्ग–तण्डुलीय' अध्याय से किया है।

'क्षुधामारं तृण्णामारं तथा अनपत्यताम्।
अपामार्ग! त्वया वयं सर्वं तदपमृज्महे।।
अपामार्ग औषधीनां सर्वासामेक इद् वशी।
तेन ते सृज्म आस्थिमय त्वमगदश्चर।।'

अपामार्ग क्षुधा, तृष्णा, अनपत्यता में प्रयुक्त होता है (अपामार्ग के चावलों की खीर खाने से भूख और प्यास नहीं लगती)। सम्पूर्ण औषधियों की अपेक्षा अपामार्ग के ही ये काम होते हैं।

अत्रिपुत्र ने शिरोविरेचन–द्रव्यों में अपामार्ग को सर्वश्रेष्ठ कहा है ('प्रत्यक् पुष्पी शिरोविरेचनानाम्' – सू.अ. 25)। पुत्रोत्पत्ति के लिए अपामार्ग का उपयोग आयुर्वेद ग्रन्थों में है – 'शिफां वर्हिशिखायस्तु क्षीरेण परिपेशिताम्। पिबेद् ऋतुमती नारी गर्भधारणहेतवे।' शोढल, पृष्ठ 613। अपामार्ग के बाल को दूध के साथ पीसकर ऋतुमती स्त्री गर्भ धारण के लिए पिये। भूख को नष्ट करने के लिए भी इसका उपयोग है। दूध और गोह के मांस–रस में अपामार्ग के चावलों से बनाया गया पायस भूख को नष्ट करता है। (चरक सू.अ. 2।33)

पृश्निपर्णी– (पिठबन)– 'हे पृश्निपर्णी! तू न दीखने वाले, खून को पीने वाले, उन्नति को रोकने वाले, गर्भ को रखने या ग्रहण करने वाले रोग को दूर कर, सहन कर।' (अथर्व 2।25।3)

इस मंत्र से उन रोगों के उल्लेख का पता लगता है, जिनका सम्बन्ध रक्त से है; रक्त स्त्राव या जिनमें रक्त नहीं बढ़ता उन रोगों में पृश्निपर्णी का उपयोग किया जाता है। आयुर्वेद में पृश्निपर्णी दशमूल, लघुपंचमूल की एक औषधि है। रक्त स्तम्भन के लिए तथा निर्बलता को दूर करने के लिए इसका उपयोग हैं। (चरक सू. अ. 2।21)

रोहिणी – (मांसरोहिणी)– रोहिणी नामक जो वनस्पति है, उससे मांसादि की शीघ्र वृद्धि होती है। मज्जा से मज्जा, मांस से मांस, चर्म से चर्म, अस्थि से अस्थि इस वनस्पति द्वारा बढ़ते हैं। यदि शत्रु का शस्त्र लगने से अथवा पत्थर लगने से व्रण हुआ हो तो इस वनस्पति से शीघ्र ठीक होता है, जिस प्रकार कि उत्तम तक्षक (बढ़ई) रथ के अंगों को ठीक करती है। (अथर्व 4 ।12)

''तस्मान्मांसमाप्यायते मांसेन भूयस्तरमन्येभ्यः शरीरधातुभ्यस्तथा लोहितं लोहि– तेन, मेदो मेदसा, वसा वसया, अस्थि तरूणास्थ्ना, मज्जा मज्जया, शुक्रं शुक्रेण, गर्भस्त्वामगर्भेण।'

वेद के इस मंत्र को अत्रिपुत्र ने बहुत ही सुन्दरता से स्पष्ट किया है –

'सर्वदा सर्वभावानां सामान्यं बृद्धिकारणम्'– समान–समान को बढ़ाता है, इसी नियम से मांस मांस से अधिक बढ़ता है; शुक्र शुक्र से बढ़ता है, गर्भ आम गर्भ से बढ़ता है। इस अर्थ में रोहिणी नामक औषधि प्रत्येक वस्तु का रोहण करती है।[1]

अनेक औषधियाँ –

'यत्राश्वत्था न्यग्रोधा महावृक्षा शिखण्डिनः।
त्त् परेता अप्सरसः प्रति बुद्धा अभूतन।।
यत्र वः प्रेंखा हरिता अर्जुना उत।
यत्राघाटाः कर्कयः संवन्ति।।
तत्परेता अप्सरसः प्रति बुद्धा अभूतन।।
एयमगन्नोशधीनां वीरूधां वीर्यावती।
अजयश्रृंग्यराटकी तीक्ष्णश्रृंगी व्यृषतु।।'[5]

यहाँ पर अश्वत्थ (पीपल), न्यग्रोध (बरगद) ये महावृक्ष अपने पत्रों के साथ प्रसन्नता से रहते है; अर्जुन, पिलखन, अघाट, कर्करी,

---

[5] **'रोहिण्यसि रोहण्यस्थ्नशिछन्नस्थो रोहणी। रोहयेदमरून्धति।' (अथर्व. 4 ।12 ।1)** – इस मंत्र में रोहिणी मांसरोहिणी के लिए कहा गया है।

अजश्रृंगी, अराटकी, तीक्ष्यश्रृंगी ये वृक्ष एवं वनस्पतियाँ रहती है; वहाँ पर पानी में चरने वाले विशजन्तु नहीं रहते।

सुश्रुत में पानी की दुर्गन्ध को दूर करने वाली कुछ वनस्पतियों का उल्लेख है ('प्रसादनं च कर्त्तव्यं नागचम्पकोत्पलपाटलापुष्पप्रभृति भिश्चाधिवासनमिति'–सु०अ० 45।12)। ये सब पुष्प बागों के है; वेद के वृक्ष जंगल के हैं, जंगल में इन वृक्षों के पत्तों से पानी स्वच्छ होता है। इन वनस्पतियों से पानी में फैलनेवाले जन्तु नष्ट होते हैं।

किलास कुष्ट रोग का ही एक रूप है – कुष्ट का अर्थ कुत्सित रूप–वर्ण है। पलित बालों का श्वेत होना, किलास–श्वेत कुष्ट (श्वित्र) इन रोगों को श्यामा औषधि नष्ट करती है। 'त्वचा के समान रंग करनेवाली श्यामा औषधि पृथ्वी में उत्पन्न हो गयी है। यह इस रोग के रूप को ठीक करके फिर से पूर्व की भांति कर दे।' (अथर्व० 1।2।4)

श्यामा के सिवाय रामा, कृष्णा, असिक्नी ये तीन औषधियाँ किलास–पलित (श्वेत वर्ण या श्वेत बिन्दु, सफेद छोटे–छोटे दाग जो त्वचा में होते हैं) को नष्ट करती है।[6]

'हे रोहिणी! तुम फैलने वाली हो; अंशुवाली हो; कण्ठों वाली–शाखा वाली हो; शाखा रहित हो; वीरूध रूप हो; समस्त दिव्य गुणों से युक्त हो; पुरूष को जीवन देने वाली हो' (अथर्व० 8।7।4)।

'तेरे ह्रदय की जलन और पीलापन सूर्य के पीछे चला जाय। गौ के अथवा सूर्य के उस लाल रंग से तुझे सब प्रकार से हृष्ट–पुष्ट करते हैं। लाल रंगों से तुझको दीर्घ आयु के लिए घेरते हैं, जिससे यह निरोग हो जाय और पीलक रोग से मुक्त हो जाए। जो दिव्य लाल रंग की गाय है और जो लाल रंग की किरणें हैं उनसे सुन्दरता और बल के अनुसार तुझे घेरते हैं। तेरे पीलक रोग को तोते और पौधों के

---

6 'नक्तं जातास्योषधे रामे कृण्णे असिक्नि च।
इदं रजनि रजय किलासं पलितं च यत्।।
किलासं च पलितं च निरितो नाशया पृषत्।
आ त्वा स्वो विशतां वर्णः परा शुक्लानि पातय।।'
'पुष्पवतीः प्रसूमतीः फलिनीरफला उत।
समातर इव दुहामस्मा अरिष्टतातये।' (अथर्व. 8।7।27)

रंग धारण कराते हैं और तेरा फीकापन हम हरी वनस्पतियों में रख देते हैं।' (अथर्व॰ 1।22।1–4)

लाल रंग आरोग्य देता है। लाल रंग की गाय अच्छी होती है ('रोहिणीमथवाकृष्णामूर्ध्वशृडीमदारूणम्'–चरक॰चि॰अ॰ 2।3।4) लाल रंग स्वास्थ्य के लिए उत्तम है। हरा और पीला रंग जो कि पित्त विकार को बताता है; रक्त की कमी का सूचक हैं, वह सूर्य की किरणों से दूर होता है। आज जो महत्व सूर्य चिकित्सा– अल्ट्रावॉयलेट किरणों तथा इन्फ्रारेड किरणों का है, वह अथर्ववेद में वर्णित है। इसीसे प्राचीन आर्य सभ्यता में स्नान करके आर्द्र शरीर, नग्न शरीर से सूर्य को अर्घ देने की प्रथा है, इसीलिए कहा गया है– 'आरोग्यं भास्करादिच्छेत्' सूर्य से स्वास्थ्य की कामना करनी चाहिए।

'किलास वा कुष्ट रोग की चिकित्सा– इसके लिए श्यामा औषधि का उल्लेख पहले आ चुका है। परन्तु अन्य औषधियों का भी उपयोग इसमें होता था –

'अस्थिजस्य किलासस्य तनूजस्य च यत् त्वचि।
दूष्याकृतस्य ब्रह्मणा लक्ष्म श्वेतमनीनशम्।।
आसुरी चक्रे प्रथमेदं किलासभेषजमिदं किलासनाशनम्।
अनीनशत् किलासं सरूपामकत्वचम्।।
सरूपा नाम ते माता सरूपो नाम ते पिता।
सरूपकृत् त्वमोशधे सा सरूपमिदं कृधि।।
श्यामा सरूपकड्‌रणी पृथिव्या ऊध्यदभृता।
इदं सु प्रसाधय पुनारूपाणि कल्पय।।' (अथर्व॰ 1।23।24)

किलास के तीन नाम हैं– दारूण, अरूण और श्वित्र। दोष के रक्त में आश्रित होने से रंग लाल होता है, मेद में आश्रित होने से श्वेत वर्ण होता है, मांस में आश्रित होने से ताम्र वर्ण होता है–

'दारूणं चारूणं श्वित्रं किलासं नामभिस्त्रिभिः।
विज्ञेयं त्रिविधं तच्च त्रिदोषं प्रायशश्च त्त्।।
दोषे रक्ताश्रिते रक्तं ताम्रं मांससमाश्रिते
श्वेतं मेदःश्रिते श्विचं गुरू तच्चोत्तरोत्तरम्।।'

केशवर्धन – अथर्ववेद में बालों को बढ़ाने और मजबूत करने के लिए औषधियों से प्रार्थना की गई है। औषधियों को खोदकर इस काम के लिए लाया जाता था–

हे औषधि! जिसे जमदग्नि ने खोदा था उसी बालों को बढ़ानेवाली औषधि को मैं खोदता हूँ। बाल नड़ (नड़सर) की तर बढ़ें। नड़सर काटने पर बहुत जल्दी बढ़ता है और बहुत लम्बा–सीधा जाता है। बाल भी बहुत लम्बे बनें।' (अथर्व॰ 6। 137–1–3)

क्लीवत्व नाश– वेद में औषधि से प्रार्थना की गयी है कि हे औषधि! इस पुरूष की क्लीवता को नष्ट कर दो।

'त्वं वीरूधं श्रेष्ठतमाभिश्रुतास्योशर्ध !
इमं मे अद्य पूरूषं क्लीवमोपशिनं कृधि।।
क्लीवं कृध्योपशिनमथो कुरीरिणं कृधि।
क्लीवं क्लीवं त्वाकारं वध्रे वध्रिं त्वाकरमरसारसम्।
कुरीरमस्य शीर्षाणि क्रम्बं चाधि निदध्मसि।'

(अथर्व. 7।138–1–2–3)

हे औषधे! तुम सबसे श्रेष्ठ वीरूध हो– इस पुरूष की क्लीवता को नष्ट कर दो। क्लीवता को नष्ट करके पुरूष को कुरीर करो।[7] कुरीर से 'कुरीरश्रृंगी' (कर्कट श्रृंगी) लेनी चाहिए। वैसे कुरीर पक्षी चटक जाति का है। चटक में वृष्यता रहती है। कुरीरश्रृंगी भी क्लीवतानाशक है; यथा – 'कुरीरश्रृंग्याः कल्कमालोड्य पयसा पिबेत्। सिताघृतपयोऽन्नाशी स नारीशु वृषायते।।' (संग्रह 50) तृप्ति चटकमांसानां गत्वा योऽनुपिबेत्पयः।' (चरक. चि. अ. 2।1।46)

चटक–मांस खाकर पीछे दूध पीने से वृष्यता आती है। यह कुरीर क्लीवता को नष्ट करता है।

सौभाग्यवर्धन– औषधियों के विषय में कहा गया है कि हे औषधि! तुम सुभग करो, तुम्हारे सैकड़ों प्रतान हैं, तैंतीस नितान हैं और हजारों पत्ते हैं।

---

[7] कुरीर पक्षी से चटक ही लिया जाता है; वैसे इसका स्पष्टीकरण टिटिहरी डाक्टर अग्रवाल ने किया है, यथा– 'बायें कुरारी दाहिन कूचा, पहुँवै भुगुति जैसा मनरूचा। पद्मावत बायीं ओर कुररी और दाहिनी ओर क्रौंच पक्षी बोलने लगे। इससे ज्ञात होता था कि मन में जो अभिलाषा थी वैसा भोग प्राप्त होगा।

हे औषधि! तुम फलवाली, भूरे रंग की कल्याणकारी हो। इस पति और मुझ पत्नी को समान हृदय वाले करो। जिस प्रकार नकुल साँप को काटकर टुकड़े करके फिर से जोड़ देता है; इस प्रकार से हमारे विरोध को हटाकर हमें फिर जोड़ दो (अथर्व. 6।139)।

हृदयरोग तथा कामला रोग को चिकित्सा – हृदय रोग तथा कामला रोग की चिकित्सा का वेद में स्पष्ट उल्लेख है। यह चिकित्सा सूर्य की किरणों से होती है; इसका देवता सूर्य है।

मूढ़ गर्भ चिकित्सा– गर्भाशय को चीरकर गर्भ को बाहर करने तथा रूके हुए मूत्र को मूत्राशय से बाहर निकालने का उल्लेख अथर्ववेद में स्पष्ट है, यथा–

'वि ते भिनह्मि मेहनं वि योनिं वि गवौनिके।
वि मातरं च पुत्रं च वि कुमारं जरायुणाव जरायु पद्यताम्।।'

हे गर्भिणी! तेरे मूत्र प्रवाहण द्वार का विदारण करता हूँ; तेरी योनि को भी विदीर्ण करता हूँ जिससे गर्भ बाहर आ जाय तथा योनि के पार्श्ववर्त्ती गवीनिकों का भी (बाहर आने में रूकावट देने वाली नाड़ियों का भी) विदारण करता हूँ। माता और पुत्र दोनों का विदारण करता हूँ (कुछ अवस्थाएँ ऐसी होती हैं, जब कभी माता को जीवित रखने के लिए पुत्र को नष्ट करना होता है, और पुत्र को जीवित रखने के लिए माता की उपेक्षा करनी होती है)। जरायु से पुत्र को पृथक् करता हूँ; गर्भाशय से जरायु पृथक् हो।

अश्मरी तथा मूढ़गर्भ रोग में मूत्राशय और गर्भाशय का विदारण करना अनिवार्य हो जाता है (सुश्रुत चि॰अ॰ 7।30–38; सुश्रत॰चि॰ अ॰ 15।12–13)।

अश्मरी या मूत्राघात चिकित्सा – मूत्राशय में मूत्राशय की पार्श्ववर्त्ती गवीनी (यूरेटस) में या वृक्कों में यदि मूत्र रूका हो तो उसे वहाँ से शस्त्रकर्म या अन्य प्रकार से बाहर किया जाता है, यथा–

'यदान्त्रेषु गवीन्योर्यद् वस्तावधि संस्त्रुतम्।
एव ते मूत्रं मुच्यतां बहिर्वालिति सर्वकम्।।
प्रते भिनद्यि मेहनं वत्रं वेशन्त्या इव।
एवा ते मूत्रं मुच्यतां बहिर्वालिति सर्वकम्।
विषितं ते वस्तिबिलं समुद्रस्योदधिरिव।

एवा ते मूत्र मुच्यतां बहिर्वालिति सर्वकम् ।।
यथेषुका परापतदवसृष्टाधि धन्वनः ।
एवा ते मूत्रं मुच्यतां बहिर्वालिति सर्वकम् ।।' (अथर्व. 1 ।3 ।6–9)

आंत्रों में (उदावर्त्त के कारण वायु रूक जाने से) जो मूत्र रूका है, बाहर नहीं आता, अथवा गवीनियों में या वस्ति, मूत्राशय में जो मूत्र रूका है; वह मूत्र इन स्थानों से निकलकर बाहर आये। जिस प्रकार पल्लव में रूके हुए जल को पल्लव को विदीर्ण करके बाहर कर देते हैं; उसी प्रकार मेहन में रूके मूत्र को मैं बाहर कर देता हूँ (प्रोस्टेट ग्रन्थि की वृद्धि के कारण जब मूत्र रूक जाता है, तब प्रोस्टेट ग्रन्थि को काटकर मूत्र निकलने का मार्ग किया जता है, मेहन शब्द से प्रोस्टेट वाला भाग अभिप्रेत है)। रोग के कारण मूत्राशय में जब मूत्र रूक जाता है, तब मूत्राशय को विदीर्ण करके मूत्र बाहर करना होता है (यथा, मूत्राशय में अश्मरी होने पर)। जिस प्रकार से धनुष से निकले बाण बिना किसी रोक–टोक के सीधे अपने लक्ष्य पर जाते हैं; उसी प्रकार से तुम्हारा मूत्र बहे, उसमें कुछ भी रूकावट न हो।

रक्त संचार – शरीर में दो प्रकार की रक्तवाहिनियाँ हैं; एक तो शुद्ध लाल रक्त को बहाती हैं और दूसरी दूषित नीले रक्त का वाहन करती हैं। इन दोनों प्रकार की वाहिनियों के स्वस्थ रहने के लिए प्रार्थना की गयी है।

'अमूर्या यान्ति योषितो हिरा लोहितवाससः।
अभ्रातर इव जामयस्तिष्ठन्तु हतवर्चसः ।।' (अथर्व. 1 ।17 ।1.)

स्त्री सम्बन्धी ये दृश्यमान लाल रक्त की निवासभूत नाड़ियाँ–शिराएँ रोग के कारण विकृत हो गयी हैं; ये शिराएँ इस चिकित्साकर्म से नष्ट होकर स्वस्थ रूप में रहें। जिस प्रकार कि भाई–रहित बहिन पितृकुल में रहती है। (मनुस्मृति में कहा है कि जिस कन्या का भाई न हो उससे विवाह न करें, क्योंकि इस विवाह से आगे कन्या ही होने की सम्भावना है)।

अब धमनी की प्रार्थना की जाती है – 'शरीर के अधोभाग में रहनेवाली शिरा, तुम शस्त्र आदि से निकले हुए रक्त को रोककर वहीं रहो–रक्त बन्द हो जाये। शरीर के ऊर्ध्व भाग की शिरा का भी रक्त बन्द हो जाए; शरीर के मध्य भाग की भी धमनी का रक्त बन्द हो

जाए। कनिष्ठिका, सूक्ष्मतर (कैपीलरी, केशिका) धमनियों में तथा बड़ी धमनियों में–शिराओं में रक्त बन्द हो जाय।'

'शत संख्यावाली धमनियों तथा हजार संख्या वाली शिराओं (अनन्त शिरा– धमनियों) में, तथा इनकी मध्यवर्ती धमनी–शिराओं में (इन दोनों को मिलाने वाले भाग के) रक्तस्त्राव बन्द हो जाए; तथा जो बची हैं, वे सब पूर्व की भाँति स्वस्थ रहे' (अथर्व॰ 1 |17 |2–3)।

शरीर में धमनी–नाड़ी–शिरा शब्द जिस प्रकार आधुनिक चिकित्सा शास्त्र में पृथक् है; उस प्रकार से प्राचीन साहित्य में पृथक स्पष्ट नहीं है। प्रकरण के अनुसार इनका अर्थ करना होता है। (यथा आर्तव शब्द एवं ऋतु शब्द का प्रकरण के अनुसार अर्थ करना होता है; आर्तव शब्द ऋतुस्त्राव और स्त्रीबीज दोनों के लिए आता है।) उपनिषदों में नाड़ियों की संख्या बहुत बतायी गयी है ('हृदि ह्मेश आत्मा। अत्रैतदेकशतं नाडीनां तासां शतं शतमेकैकस्यां द्वासप्ततिर्द्वासप्ततिः प्रतिशाखं नाड़ी–सहस्त्राणि भवन्त्यासु व्यानश्चरति।।' – प्रश्न॰ 3 |6)।

अंगों के नाम– अथर्ववेद में शरीर के निर्माण के सम्बन्ध में पूछा गया है, तथा इनका उत्तर भी दिया गया है। इस प्रकार से प्रायः सब अंगों के नाम आ गये हैं। यथा, 'इस पुरूष शरीर में किसने एड़ियों को भरा? किसने मांस और गुल्फ बनाये? किसने अँगुली और किसने पेशनी (पाददल) बनाये? किसने इन्द्रियाँ बनायी? किसने पुरूष के गुल्फों को नीचा बनाया ओर जानुसन्धि को ऊपर किया? किसने जंघाएँ बनायी और जानुसंधि किसने बनाई? इस कबन्ध– छाती और पेट को चार ओर से किसने जोड़ा (दो हाथ और दो टाँग)? श्रोणी और ऊरू को किसने बनाया, जिससे यह सन्धियाँ मजबूत बनी हैं? स्तनों को, कोहनियों, स्कन्धों पीठ को किसने बनाया? इस पुरूष के मस्तिष्क को, माथे को, ग्रीवा को, कपाल को कौन बनाकर आकाश में चला गया? किसने इसमें रूप बनाया? किसने पुरूष के चरित्र को बनाया? किसने इसमें प्राणों का संचार किया? किसने इसमें अपान और व्यान को बनाया? समान वायु को किसने इसमें प्रतिष्ठित किया? किसने इस पुरूष के वीर्य का आधान किया – जिससे वह आगे संतान परम्परा का विस्तार करता रहे। मेधा, सत्य को किसने इसमें बनाया? (अथर्व–10 |2)

रोगों के नाम– अथर्ववेद में भिन्न–भिन्न अंगों में होने वाले रोगों के नाम भी मिलते हैं, यथा–

सिर की पीड़ा, सिर के रोग, कर्णशूल, रक्त की कमी को, सिर के सब रोगों को बाहर निकालता हूँ। कानों से, कानों के अन्दर के भाग में से कर्णशूल को निकालता हूँ। मुख में जो यक्ष्मा रोग बढ़ रहा है, उसे निकालकर बाहर करता हूँ। अंगभेद, अंगों के ज्वर–सम्पूर्ण अंगों के पीड़ाकारक रोग, सिर के सब रोगों को बाहर निकाल देता हूँ। जो रोग ऊरू में, गवीनियों में फैलता है; उस रोग को तेरे अन्दर के अंगों से बाहर करता हूँ। तेरे अंगों में से हरे रंग को, उदर के अन्दर से यक्ष्मा रोग को बाहर करता हूँ। उदर से, क्लोम से, नाभि से, हृदय से रोगों के सब विषों को निकालता हूँ। जो बढ़ने वाले रोग तेरे अंगों को पीड़ित करते हैं उन सबके विष को तेरे शरीर से बाहर करता हूँ। सिर, कपाल, हृदय को जो रोग पीड़ित करते हैं; उन शिरोरोगों को उदय होता हुआ सूर्य अपनी किरणों से दूर करे।' (अथर्व–9 ।13 ।22)

अथर्ववेद में कुछ अंगों का उल्लेख स्पष्ट है, और कुछ का अभी निश्चित अर्थ नहीं मिला, यथा – 'इन्द्राणी भसद! वायुः पुच्छं पवमानो बालाः।' (अथर्व. 9 ।12 ।8) 'धाता च सविता चाष्ठीवन्तौ जंघा गन्धा अप्सरसः कुष्टिका अदितिः शफाः।' (9 ।12 ।10) 'क्षुत् कुक्षिशिरा वनिष्ठुः पर्वताः प्लाशयः।' (9 ।10 ।12) इनका शतपथ ब्राह्मण में स्पष्टीकरण करने का यत्न किया गया है, परन्तु फिर भी निश्चित रूप से निर्णय नहीं हुआ। कर्मकाण्ड में सामान्यतः अंगों का उल्लेख है, परन्तु बहुत विस्तार और बारीकी से नहीं है।

इसके सिवा अथर्ववेद में निम्न काण्ड तथा मंत्र आयुर्वेद के सम्बन्ध में देखें या सकते हैं–

रोग के विषय में – तक्म (ज्वर) रोग का वर्णन (6 ।21 ।1–3); इसके भेद सत्त, शरद, ग्रीष्म, शीत, वार्षिक, तृतीयक आदि का निर्देश (1 ।25 ।4; 5 ।22 ।1–24); मन्या, गण्डमाला का भेद, ग्रैव्य गण्डमाला, स्कन्ध गण्डमाला और इसके भेद (6 ।25–1–3); अपची के भेद (6 ।83 ।1–3); शीर्शामय, कर्णशूल, विलोहित, अंगभेद, अंगज्वर; बलास, हरिभ; यक्ष्मा, हृदयगत यक्ष्मा; अलजी आदि रोग (9 ।13 ।1–22) उसमें मिलते हैं।

रोग प्रतीकार के विषय में – मूत्राघात में शर–शलाका द्वारा मूत्र निकालना ('यथेशुका परापतदवसृष्टाधिधन्वनः। एवा ते मूत्रं मुच्यतां बहिर्बालितिसर्वकम्।।' तुलना कीजिए – 'मूत्रे विवृद्धे कर्पूरचूर्णं लिग्ङे. प्रवेशयेत।' यह चूर्ण दूर्वा या सरकण्डे से प्रविष्ट किया जात है –

आयुर्वेदसंग्रह); जल से धोने पर व्रण का उपचार (5 |57 |1–3); अपचित व्रण में लवण का उपयोग; अपचित पिडिकाओं का शलाका वेधन (7 |10 |1–2; 7 |78 |1–2); नाना कृमियों का वर्णन (2 |32 |1–6); हृदय रोग में हिमालय की नदियों के जल का व्यवहार (6 |24 |1–3); आरोग्य वर्णन (2 |10 |1–8) अथर्ववेद में है।

औषधियों के विषय में – वल्मीक में मिलने वाली औषधि विशेष से अतिसार, अतिमूत्र आदि रोग शान्ति (2 |3 |1–6); हरिणश्रृंग और उसके चर्म से क्षय, कुष्ट, अपस्मारादि नाशन (3 |7 |1–3); शतवीर्या, दूर्वा से दीर्घायुष्य, नाना रोग शान्ति (3 |11 |1–8); वृषा शुष्मादि औषधियों से वृष्यत्व (4 |4 |1–8); कुष्ट औषधि का वर्णन (6 |95 |1–3); गुग्गुल धूप की गन्ध से यक्ष्मनाशन (19 |34 |1–3; तुलना कीजिए – सुश्रुत सूत्र॰ अ॰ 4 |18 में दिये धूपन द्रव्यों में गुग्गुल के नाम से); विष से ही विष का प्रतीकार (7 |88 |1); तुलना कीजिए – 'तस्माद् दंष्ट्राविषं मौलं हन्ति मौलं च दंष्ट्रिजम्।' चरक॰ चि॰ अ॰ 23 |17); विष दोहन विद्या से विष का प्रतीकार (8 |5 |1–16); मृत्युभय की निवृत्ति लिए दर्भ–मणि बन्धन (19 |32 |1–2) आदि विषय अथर्ववेद में आये है।[1]

अथर्व का सिर तथा अयोध्या नगरी – वेद में सिर की विशेष महत्ता है; अत्रि–पुत्र ने सिर को सब अंगों से श्रेष्ठ कहा है ('यदुत्तमांगमग्डानां शिरस्तदभिधीयते'–चरक)। इसी सिर को 'देवकोश' कहा गया है।

(अ–थर्व–) स्थिरचित्त योगी अपने मस्तिष्क के साथ हृदय को सीता है। सिर में मस्तिष्क के ऊपर अपने प्राण को भेज देता है। यह ही अथर्व का सिर है, जिसको देवों का कोश कहा जाता है, इसकी रक्षा प्राण, मन और अन्न करता है। अमृत से परिपूर्ण इस नगरी को जो जानता है, उसको ब्रह्मा और इतर देव चक्षु, प्राण और पूजा द्रव्य देते हैं। आठ चक्र और नौ द्वारों से युक्त यह देवों की अयोध्या नगरी है, इसमें तेजस्वी कोश है वही दैदीप्यमान स्वर्ग है। तीन आरों से युक्त और तीन स्थानों पर रहे हुए उस तेजस्वी कोश में जो पूज्य आत्मा है, उसको ब्रह्मज्ञानी लोग जानते हैं।

इस पुरूष शरीर को अयोध्या रूप में वर्णित किया गया है, जिससे कोई भी लड़ नहीं सकता (न योद्धुं शक्या अयोध); इस अयोध्या नगरी में आठ चक्र और नौ द्वार हैं, यह देवताओं की नगरी है, इसमें हिरण्य का कोश है। मूलाधार, स्वाधिष्ठान, आज्ञा आदि आठ चक्र है; दो आँखें,

दो कान, दो नाक, मुख, उपस्थ और गुदा ये नौ द्वार हैं। इसमें आँख–कान, मन, चन्द्रमा, प्रजापति आदि देवता रहते हैं, हिरण्य ज्ञान है। शरीर इस तरह की अयोध्या है; कोई भी रोगरूपी शत्रु इस नगरी से नहीं लड़ सकता (अथर्व॰ 10।2।32)।

अथर्व–चिकित्सा– अथर्वा ऋषि ने इस चिकित्सा को कहा है, यह चिकित्सा चार प्रकार की है; आथर्वणी, आंगिरसी, दैवी और मानुषी। इनमें मानुषी चिकित्सा औषधियों से सम्बन्धित है।" दैवी चिकित्सा–वायु–जल–पृथ्वी आदि से सम्बन्ध रखती है। आंगिरसी चिकित्सा मानसिक शक्ति से सम्बन्ध रखती है। आथर्वणी चिकित्सा जप–होम–दान–स्वस्तिवाचन आदि से सम्बन्ध रखती है।

'आथर्वणीरांगिरसीर्दैवीर्मनुष्यजा उत।
औषधमः प्रजायन्ते यदा त्वं प्राण जिन्वसि।।'

हे प्राण ! जब तक तू प्रेरण करता है, तब तक ही आथर्वणी, आंगिरसी, दैवी और मानुषी औषधियाँ फल देती हैं। प्राण रहने पर ही औषधियों से लाभ होता है।

'या ते प्राण प्रिया तनूर्या ते प्राण प्रेयसी।
आथो यद् भेषजं तव तस्य नो धेहि जीवसे।।'

हे प्राण! जो तेरा प्रिय शरीर है और जो तेरे प्रिय भाग हैं तथा जो तेरी औषध है, उसे दीर्घजीवन के लिए हमको दे।

प्राण या जीवन का नाम ही आयु है। इसी आयु का सम्बन्ध इन चारों चिकित्साओं से है।

इस चिकित्सा को अथर्वा ऋषि ने कहा है –

"वेदोह्याथर्वणो
दानस्वस्त्ययनबलिमंगलहोमनियमप्रायश्चित्तोपवास–
मंत्रादिपरिग्रहाच्चिकित्सां प्राह; चिकित्सा चायुशो
हितायोपदिश्यते।'

–चरक. सू. अ. 30।31

आयु का ज्ञान ही आयुर्वेद है। यह आयु प्राण से सम्बन्धित हे। इसी में कहा गया है –

'आथर्वरणी–अथर्वा महर्षि से बनायी शान्ति – पुष्टि आदि क्रियाएँ; आऽरसी– कृत्या, उत्थापन आदि क्रियाएँ जो आंगिरस ऋषि ने बनायीं ('श्रुतीरथर्वाऽङिरसीः कुर्यादित्यभिचारयन्। वाक्छस्त्रं वै ब्राह्मणस्य तेन हन्यादरीन्द्विजः।।' –मनु 11।33)– मनुष्यजा–स्वस्ति, बलि, उपनयन, नमस्कार आदि क्रियाएँ; दैवी–वायु, जल आदि की क्रियाएँ औषधियाँ हैं' (रसयोगसागर, उपोद्घात पृष्ठ 49)।

अथर्ववेद के अनुसार चरकसंहिता में एक पुरानी कथा का उल्लेख है। राजयक्ष्मा रोग की उत्पत्ति बताते हुए चरक में कहा गया है कि प्रजापति की अट्ठाईस कन्याएँ थीं। इनका विवाह प्रजापति ने राजा चन्द्रमा के साथ कर दिया था। चन्द्रमा ने इन सबके साथ समानता का व्यवहार नहीं किया; इसलिए प्रजापति ने शाप देकर उसे रोगी (यक्ष्मा से पीड़ित) कर दिया। रूग्ण होने पर उसका सब तेज चला गया, और अन्त में अश्विनौ ने उसे स्वस्थ किया (चि॰अ॰ 8।1–10)। इसका उल्लेख काठक संहिता (11।3) में है–

'वह चन्द्रमा तृण के समान सूखने लगा। वह प्रजापति के पास पहुँचा और शेष पुत्रियों को माँगने लगा। उसने कहा, सब नक्षत्रों में समान रूप से वास करो तब, यक्ष्मा रोग से तुमको मुक्त कर दूँगा। इससे चन्द्रमा सब नक्षत्रों में समान रूप से वास करता है।'

प्रजापति की अट्ठाईस कन्याओं के नाम – कृत्तिका, रोहिणी, मृगशिरा, आर्द्रा, पुनर्वसु, पुष्य, आश्लेषा, मघा, फाल्गुनी (पूर्वा), फाल्गुनी (उत्तरा), हस्त, चित्रा, स्वाति, विशाखा, अनुराधा, ज्येष्ठा, मूला, आषाढ़ा, राधा, श्रवण, शर्मिष्ठा, शतभिषज, प्रोष्ठपदा, प्रोष्ठपदा उत्तरा, रेवती, अश्वयुज, भरणी, अभिजित् ये अट्ठाईस नक्षत्र प्रजापति की दुहिताएँ हैं (अथर्व॰ 19।7)।

चन्द्रमा प्रति नक्षत्र में निवास करता हुआ अपना मार्ग पूरा करता है; यही चन्द्रमा का प्रजापति की पुत्रियों में अभिगमन है। दूसरे और नक्षत्रों की अपेक्षा रोहिणी नक्षत्र में कुछ काल अधिक निवास करता है। यही चन्द्र की रोहिणी में आसक्ति है। चन्द्र की कलाओं का क्रमशः अपक्षय ही चन्द्रमा का क्षय रोग है। (स्त्रियों में अधिक अभिगमन से शुक्रक्षय होता है; जिससे यक्ष्मा होता है, इसको स्पष्ट करने के लिए यह कथानक है)।

अथर्ववेद में राजयक्ष्मा नाम पृथक् आया है ('यक्ष्माद् उत राजयक्ष्मात्'– अथर्व॰ 3।111), इससे स्पष्ट हैं, यक्ष्मा और राजयक्ष्मा दोनों शब्द अलग अर्थ में प्रयुक्त होते थे। यक्ष्मा रोग को कहते हैं, रोगों का राजा राजयक्ष्मा है। यह यक्ष्मा शरीर के सब अंगों में हो सकता है; इसलिए ऋ॰ 10।163 में शरीर के भिन्न–भिन्न अंगों में से रोग नाश की प्रार्थना की गई है। साथ ही इस सूक्त में अंगों के नाम भी आये हैं– 'आँतों से, गुदा से, वनिष्ठु (उण्डूक), उदर, दो कुक्षियों में से, प्लाशी (प्लीहा) और नाभि से यक्ष्मा को दूर करता हूँ। दोनों ऊरूओं, जानुओं, दोनों पार्शिणयों, प्रपदों, भसद्य, (शिशन) से, श्रोणियों से, भासद (शिश्नमणि) और भससः (योनि) से यक्ष्मा– रोग को दूर करता हूँ' (ऋ॰ 10।163।4–5)।

इसी प्रकार अथर्ववेद (9।8) में सिर के तथा कान के रोगों का नाम लेकर दूर करने का उल्लेख है। शरीर के अन्दर के अवयवों से भी रोग निवारण की बात कही गई है। नवें मंत्र में कामला रोग, आवा (अतिसार या प्रवाहिका) रोग को उदर एवं अंगों में से दूर करने का वर्णन है।

वात, पित्त और कफ का उल्लेख – वेद में रोग के तीन कारण बताये गये हैं; 1. शरीरान्तर्गत विष, जिसके लिए 'यक्ष्म' शब्द आता है ('यक्ष्मणां सर्वेषां विषं निरवोचमहम्', सब रोगों के विष को दूर करता हूँ। अथर्व. 9।8।10); 2. रोगों के कारण कृमि–यातुधान; (अथर्व वेद 5।29।6–7 के अनुसार अन्न, जल, दूध आदि पदार्थों में प्रवेश करके कृमि–जीवाणु शरीर में जब पहुँचते हैं, तब पुरूष को रोगी कर देते हैं। यजुर्वेद 16।6 में लिखा है कि जल आदि के झूठे पात्रों में कृमि लगे रहते है। इस पात्रों में भोजन करनेवाले के शरीर में ये कृमि पहुँचते हैं); 3. वात–पित्त–कफ तीसरा कारण रोगों का है। अथर्ववेद में पिप्पली को वातरोग नाशक कहा है ('वातीकृतस्य भेषजी'– 6।109।3)।

वेद में वायु को प्राण, अपान, व्यान, समान और उदान भेदों में वर्णित किया गया है। पित्त को पित्त शब्द से और कफ को कफ या बलास शब्द से कहा गया है। यथा–

को अस्मिन् प्राणमवयत् को अपानं व्यानम्।
समानमस्मिन् को देवोऽधिशिश्राय पूरूषे।।'

(अथर्व. 10।2।13)

देवान् प्राणाय त्वोदानाय त्वा व्यानाय त्वा।।' (यजु. 1।20)

किस देव ने इस पुरूष में प्राण, अपान, व्यान को बुना। किस देव ने समान वायु को आश्रय दिया। देवों को तुम्हें प्राण, व्यान, उदान के लिए देता हूँ।

'अग्ने पित्तमयामसि' (यजु. 17।6; अथर्व. 18।3।5)

यकृत् क्लोमानं वरूणो भिषज्यन् मतस्ते वायव्यैर्न मिनाति पित्तम्।' (यजु. 19।85)

'चाशेन पित्तेन' (यजु. 25।7)

'सुपर्णो जातः प्रथमस्तस्य त्वं पित्तमासिथ।

तदासुरो युधे जिता रूपं चक्रे वनस्पतीन्। (अथर्व. 1।24।1)

अग्ने ! तू जलों का पित्त (तेज) है (सुश्रुत में अग्नि और पित्त एक ही माने गये हैं; 'न खलु पितत्वयतिरिक्तोऽग्निरूपलभ्यते')। वरूण वायव्य पदार्थों से यकृत, क्लोम, मतस्न (गवीनिका) की चिकित्सा करता हुआ अपित्त को नष्ट नहीं करता। प्रथम सुपर्ण—उत्तम पत्तों वाली वनस्पति उत्पन्न हुई। उससे तूने पित्त (उष्णिमा) प्राप्त की।

'विद्रधस्य बलासस्य लोहितस्य वनस्पते।' (अथर्व. 6।12।7।1)
'यो बलास तिष्ठतः कक्षे मुष्कावपश्चितौ।' (अथर्व. 6।127।2)
'आसो बलासो भवतु।' (अथर्व. 9।8।10)
'नाशयित्री बलासस्यार्शस उपचितामसि।
अथोशतस्य यक्ष्माणां पाकारोरसि नाशनी।।' (यजु. 12।97)
मास्मैतान् सखीन्कुरूथा बलासं कासमुद्युगम।'

(अथर्व. 5।22।11)

हे वनस्पते! विद्रधि, बलास और रक्त के रोग का नाश कर। जो बलास दोनों कक्षों में और जो कफ दोनों मुश्कों में ठहरा है (उसे दूर करता हूँ)। हे औषधे! बलाश, अर्श और अन्य उपचित रोगों की तू नाशिका है। सैकड़ों रोगों का नाश करने वाली है। हे ज्वर! बलास, कास, हिचकी रोग को अपना साथी न बना (ये वात, पित्त, कफ आयुर्वेद शास्त्रसम्मत त्रिधातु ही हैं— यह नहीं कहा जा सकता)।

कृमियों के नाम— कृमि वर्णन वेदमंत्रों में बहुत प्रकार से आया है। ऐसे शब्द इसके रूप और कार्य को बताते हैं। यथा राक्षस— 'रक्षो

रक्षितव्यमस्माद् रहसि क्षिणोति इति वा रात्री नक्षत इति वा।' (निरूक्त 4।18) कहा गया है कि इससे बचना चाहिए, एकान्त में मारता है, रात्रि में चलता है। पिशाच– 'पिशितमश्नाति' कच्चा माँस खाता है ('मांसशोणितप्रियत्वाद् नित्यं व्रणमुपसर्पन्ति'–सुश्रुत)। यातुधान– 'यातुं (गन्तुं) धीयते (अभिधीयते इति)' यह चलने वाला कहा जाता है। अथवा 'यातना दुःखं तदादधति ते यातुधानाः' जो पीड़ा पहुँचाते हैं, वे यातुधान हैं। असुर– 'असुन् प्राणान् राति आददाति इति प्राणों को जो हरता है वह असुर है। किमीदी– 'किमिदानीमिति चरते' (निरूक्त 6।11) छिद्रान्वेषण बुद्धि से विचरने–वाला; अथवा अब क्या खाऊँ–यही जिसे इच्छा रहती है। गांधर्व–'गां वाणी. धारयति' सदा गूँजता रहता है– मच्छर। अप्सरा–'अप्सारिणी भवति' (निरूक्त 5।13) पानी पर फैलनेवाला कृमि।

अत्रिणः – (अ. 6।32।3) भक्षण करनेवाला; अराति – (अथर्व. 5।23।2) शंत्रु; अर्जुन – (2।32।2) श्वेत वर्णमाला; अलिश – (8।6।1) चिपटने वाला; क्रव्यादः (5।29।8), कच्चा मांस खाने वाला। इस प्रकार के लगभग एक सौ से अधिक नाम श्री रामगोपाल शास्त्री ने कृमियों के लिए वेदों में से एकत्र किये है।

रोगों के नाम– वेद में ज्वर के लिए 'तक्म' शब्द आता है (तकि कृच्छजीवने)। जिस प्रकार ज्वर, यक्ष्म, रोग सामान्य रोग अर्थ में चलने के साथ–साथ विशेष अर्थ में भी बरते जाते हैं, उसी प्रकार 'तक्म' शब्द है, जिसका अर्थ सामान्य रोग भी है, और विशेष अर्थ ज्वर भी है ('अधरां चं प्रहिणोमि नमः कृत्वा तक्मने'–अथर्व॰ 5।22।4) तक्म के लिए नमस्कार करके मैं उसे नीचे भेजता हूँ।

'ओको अस्य मूजवन्त ओको अस्य महावृषाः।
यावज्जातस्क्मंस्तावानसि वल्हिकेषु न्योचरः।।' (अथर्व. 5।22।5)

इस तक्म का स्थान मूजवान् है; इसका स्थान महाबल है। हे तक्मन् ! जबसे तू उत्पन्न हुआ है; बल्हिकों में ही रहता है। मूजवान् इस पर्वत का वाजसनेयी संहिता (3।61); तैत्तिरीय (1।8।6।2); काठक (9।7); मैत्रायणी (1।4।10।20); शतपथ (2।6।2।17) और सुश्रुत (29।5,30 चिकित्सा) में उल्लेख है।

महाबल – जहाँ पर वर्षा अधिक होती है: सम्भवतः कश्मीर; इस देश का राजा हत्स्वांशय था; जैमिनीयोपनिषद् ब्राह्मण (3 ।40 ।2) में इसका उल्लेख है। वाह्लीक बदख्शां प्रदेश है।

अर्चिः (अथर्व॰ 1 ।24 ।2) – ज्वाला; तपु (6 ।20 ।1) तपानेवाला शोकः (1 ।25 ।3) चिन्ता करानेवाल; पाप्मा (6 ।26 ।1) पापरूप; रूद्र (6 ।20 ।2) रूलाने वाला; अंगज्वर अंगभेद (9 ।8 ।5) अंगों में रहने वाला; अंगों में पीड़ा करनेवाला; अन्येद्यु (1 ।25 ।4) अन्येद्युष्कः उभयद्यु; (1 ।25 ।4) दो दिन होने वाला (चातुर्थिक विपर्यय); तृतीयक (5 ।22 ।13) तीसरे दिन होने वाला आदि लगभग रोगों के चालीस नाम श्री शास्त्रीजी ने संगृहीत किये हैं।

औषधियों के नाम – रोग शान्ति के लिए वेद में प्राकृतिक, खनिज, समुद्रज, प्राणिज तथा उद्‌भिज्ज द्रव्यों का औषधि रूप में प्रयोग मिलता है। प्राकृतिक औषधियों में सूर्य, चन्द्र (अथर्व. 6 ।83 ।1), अग्नि (10 ।4 ।2), मरूत (ऋ. 2 ।33 ।13), जल (ऋ.1 ।23 ।9); खनिज द्रव्यों में अंजन (अथर्व. 4 ।9 ।9), सीसा (1 ।16 ।4); सामुद्रज में शंख (अ. 4 ।10 ।4); प्राणिजों में मृगश्रृंग (अ. 3 ।7 ।1); उद्‌भिज्जों में अनेक वीरूधों का वर्णन आता है।

औषधि के पर्याय में वीरूध (अ. 8 ।7 ।2), भेषजी (8 ।7 ।8), वनस्पति (8 ।7 ।16) आते हैं। ये औषधियाँ जीवन प्रदान करने वाली है। पुरूष जीवनी (अ. 8 ।7 ।4) अंग– अंग से रोग निकालती हैं – ('यस्यौषधीः प्रसर्पथाङ्गमङ्गपरूष्परूः। त्तो यक्ष्मं विबाधध्वम्' – ऋ॰ 10 ।97 ।12); ('यक्ष्ममेनमङ्गादङ्गादनीनशन्।' (8 ।7 ।3); सुचारू रूप से प्रयुक्त औषधि निष्फल नहीं जाती– 'यस्मै कृणोति ब्राह्मणस्तं राजन्पारयामसि' (ऋ॰ 10 ।97 ।17); वे सब प्रकार के रोग और सब प्रकार के कृमियों का प्रभाव दूर करती हैं 'अमीवाः सर्वा रक्षांस्यपहन्तु। (अ. 8 ।7 ।22)।

चिकित्सक का बल औषधियाँ ही हैं। जिसके घर में इनका संग्रह रहता है और जो इनका ठीक प्रयोग जानता है, वही बुद्धिमान् भिषक् है (ऋ॰ 10 ।97 ।6)। जिस समय वैद्य हाथ में औषधी को पकड़ता है; रोग उसी समय दूर भागना प्रारम्भ कर देता है (ऋ॰ 10 ।97 ।11)।

औषधियाँ आय का साधन हैं। वैद्य को अपनी जीवन यात्रा के लिए औषधियों से धन, गाय, अश्व, वस्त्र आदि प्राप्त होते हैं (ऋ॰ 10 ।97 ।8)।

औषधियों का विक्रय होता था। सामान्यतः अत्रिपुत्र ने दुकानदारी के रूप में इस विद्या का उपयोग निषिद्ध किया है; विशेषतः केवल धन बटोरने के लिए। परन्तु इसके साथ ही उचित रूप में इसका व्यवसाय करने का विधान किया है – (चरक. सू. अ. 30 ।29); 'चिकित्सितस्तु संश्रुत्य यो वाऽसंश्रुत्य मानवः। नोपा–करोति वैद्याय नास्ति तस्येह निष्कृतिः।। कुर्वते ये तु वृत्तयर्थ चिकित्सापण्यविक्रयम्। ते हित्वा काञ्चनं राशिं पांशुराशिमुपासते।।' (चि.अ. 1 ।4 ।55–49)

इसीलिए औषधियों का एक विशेषण 'अपक्रीताः' (अ. 8 ।7 ।11) आता है; ये अमूल्य हैं, क्रय नहीं की जा सकतीं। औषधियों को मूल्य से या परस्पर विनिमय से प्राप्त किया जाता था। कुष्टौषधि धन से खरीदी जाती थी ('धनैरभि श्रुत्वा यन्ति– अ. 5 ।4 ।2); वरणावती औषधि पवसा (सम्मार्जनी तृण) तथा मृगचर्मों के विनिमय से प्राप्त की जाती थी 'पवैस्तैस्त्वा पर्यकीरर्गन्दूर्शेभिरजिनैरूत' – अ. 4 ।7 ।6)।

औषधियों का ज्ञान– किन–किन रोगों में अमुक औषधी लाभ करती है, इसका ज्ञान परम्परा से होता था–'ये त्वा वेद पूर्व ईक्ष्वाको ये वा त्वा कुष्टाकाम्यः। ये वा वसो यमात्स्यस तेनासि विश्वभेषजः। (अथर्व. 19 ।39 ।9)। अंगिरा द्वारा जानी गयी औषधियों को 'आङ्गिरसी' कहा जाता है। ब्राह्मण, ऋषि और देव औषधियों को पहले से जानते चले आये हैं – 'यद् ब्रह्मभिर्यदृशिभिर्यद्देवैः विदितं पुरा' (6 ।12 ।2); जंगलवासी भी औषधियों को जानते हैं – ''गोपालास्तापसा व्याधा ये चान्ये वनचारिणः।

मूलाहाराश्च ये तेभ्यो भेषजव्यक्तिरिष्यते।।' (सुश्रुत. सू. अ. 36 ।10)। औषधियों के गुणों का ज्ञान पुरूषों को पशु, पक्षी आदि प्राणियों से होता है। इन प्राणियों में गौ, अजा, अवि (अ. 8 ।7 ।24), वराह, नकुल, सर्प, गन्धर्व (8 ।7 ।23); गरूड़, रघट, हंस (8 ।7 ।24) का नाम लिखा है। इनके अतिरिक्त सब पक्षी (सर्वे पतत्रिणः) तथा सब पशुओं (मृगाः) से ज्ञान करने का उल्लेख है। पशु–पक्षियों के स्वभाव से वनस्पतियों के विषय में ज्ञान प्राप्त करना चाहिए।

ये औषधियाँ प्राणि–सृष्टि से पहले उत्पन्न हुईं – 'या औषधीः पूर्वा जाता देवेभ्यस्त्रियुगं पुरा।'

ऋग्वेद (10 ।96) तथा अथर्ववेद के (8 ।7) सूक्त में औषधियों के गुणबोधक बहुत नाम आये हैं। यथा–अंशुमती 'दीप्तिवाली; अग्रं आपः,

जिनका मुख्य जीवन जल है; अपांगर्भः, जलों को गर्भ में धारण करनेवाली; अपुष्पा (ऋ॰ 10 ।97 ।15) पुष्परहित; अफला (फलरहित); एकशुंगा (8 ।17 ।4), एक सींगवाली; कृत्यादूषणी, (8 ।7 ।10), कृत्या नाशक; गो–भाजः (ऋ. 10 ।97 ।5), भूमि से जीवन लेनेवाली; दिव्य, दिव्य गुणों वाली; पर्णेवसति (10 ।97 ।5); पत्तों पर जिनका निवास है (वृक्षों की श्वास–प्रश्वास क्रिया पत्तों से ही होती है; इसलिए पत्तों पर मिट्टी जमने नहीं देनी चाहिए। पानी पत्तों पर से देना चाहिए)। प्रचेतस अन्तःचेतना वाली; प्रतन्वती– विस्तृत; प्रसूमती–बढ़ने वाली; प्रसूवरी–उत्पादक; प्रस्तृणवती–फैलने वाली; मधुमती–मधुरता युक्त; मातरः–माता के समान; विशाखाः–नाना शाखाओं वाली; सहस्त्रपर्ण्यः–अनेक पत्तों वाली आदि अनेक नाम आते हैं।

कृत्या वर्णन– सुश्रुत में कृत्या का उल्लेख आता है (सूत्र. अ. 5 ।20), यथा– कृत्या का अर्थ अभिचार–जनित राक्षसकर्म या मारक प्रयोग है, उसकी शान्ति के लिए रक्षा कर्म करने की विधि है। कृत्या के लिए अथर्ववेद में आता है –

'शं नोभिचाराः शमु सन्तु कृत्याः शं नो निखाता बलगः।'

(अथर्व. 19 ।9 ।9)

कृञ्–हिंसायाम् धातु से 'कृत्या' शब्द बना है, जिसका अर्थ हिंसक क्रिया है। कृत्या के अर्थ में अभिचार और वलग शब्द भी आते हैं ('वलगं या निचख्नुः'– अथर्व. 10 ।1 ।18)। वलग यह एक घातक प्रयोग है जो शत्रुओं के वध के लिए बाहु प्रदेश मात्र भूमि खोदकर नीचे गाड़ दिया जाता है। अभि–पूर्वक 'चर' धातु से अभिचार शब्द बना है; मारने के लिए जो कर्म किया जाता है वह अभिचार है।

कृत्या दो प्रकार की है – आंगिरसी और आसुरी ('याः कृत्या आंगिरसीर्या कृत्या आसुरी'–अथर्व. 8 ।5 ।9)। कृत्या के प्रयोक्त विद्वान्, साधारण पुरूष, ब्राह्मण, राजा, शूद्र, स्त्री आदि होते हैं (अ. 10 ।1 ।3)। कृत्या की आकृति बनाकर प्रयुक्त की जाती है, इसे सिर, नाक, कान और पादोंवाली लिखा है (अ. 11 ।10 ।6)।

कृत्या प्रभाव नाशक द्रव्य– आंजन ('नैनं प्राप्नोति शपथो न कृत्याः'–अ.4 ।9 ।5); अपामार्ग ('अनयाहमोशध्या सर्वाः कृत्या अदूदशम्'–अ. 4 ।18 ।5; 'अपा – धमपकिल्विषमपकृत्यामपोरपः। अपामार्गः त्वमस्मदपः दुस्वप्न्यं सुव।।' यजु. 35 ।11); जंगिड़मणि ('कृत्यादूशिरियं

मणिः'–अ. 2।4।6); प्रतिसरमणि ('प्रत्यक् कृत्या दूषयन्नेति वीरः'–अ. 8।5।2)। कृत्या के प्रभाव को नाश करने के लिए यह मणि प्रयुक्त होती थी (अ. 8।5।5)। वेद में कृत्या, अभिचार तथा वलग प्रयोगों की निन्दा की गयी है (अ. 10।1।31)।

आंजन– वेद में अंजन के लिए आंजन नाम आता है। त्रिककुद् पर्वत पर उत्पन्न होने से इसे त्रैककुद और यमुना में उत्पन्न होने से यामुन कहते थे। त्रिककुद् को आजकल तिकोट कहते हैं (डॉ॰ अग्रवाल का पाणिनिकालीन भारत)।

यह आंजन पुरूष, अश्व तथा गौओं के लिए लाभकारी है ('परिपाणं पुरूषाणां परिपाणं गवामसि। अश्वानामर्वतां परिपाणाय तस्थिषे।' – अ. 4।9।2); इसके सेवन से आयु बढ़ती है ('आयुशोऽसि प्रतरणम्'–19।44।1)। कष्ट निवारण के लिए इसे आँखों में आँजते थे, शरीर पर बाँधते थे, शरीर पर लेप करते थे और खाते थे ('आश्चैकं मणिमेकं कृणुस्व स्नाह्मेकेनापिबैकमेषाम्।'– अ. 14।45।5)। यजु. 30।14 में आंजनकारी; ऋग्वेद 10।146।6 में आंजनगन्धी; काठक संहिता में आंजनगिरि; शांखायन ब्रा. (3।4) में आंजनहस्ता; ऐतरेय ब्रा. (1।3) में 'तेजो वा एतदक्ष्योर्यदञ्जनम्' में इसका उल्लेख है।

अथर्ववेद के चतुर्थ काण्ड और 9 वें प्रपाठक में ऋषि भृगु देवता त्रैककुदांजन से कहते हैं –

"हे आंजन! प्राणीमात्र की रक्षा करता हुआ तू मेरे पास आ; तू पर्वत की आँख है; पर्वत पर उत्पन्न होता है, सब देवों ने तुझे दिया है, तू जीवों के जीवन की परिधि।

महत्वपूर्ण प्रजातियाँ

तालिका क्रमांक – 1

क्रमांक	प्रजाति नाम	वानस्पतिक नाम	फेमिली नाम
		Tree	
1	बेल	*Aegle marmelos*	Rutaceae
2	चिरौंजी	*Buchanania laæan*	Anacardiaceae
3	अमलतास	*Cassia fistula*	Leguminoseae
4	आंवला	*Phyllanthus emblica*	Euphorbiaceae
5	महुआ	*Madhuca indica*	Sapotaceae
6	करंज	*Pongamia pinnata*	Leguminoseae
7	रीठा	*Sapindus emarginatus*	Sapindaceae
8	भिलावा	*Semecarpus anacardium*	Anacardiaceae
9	इमली	*Tamarundus indica*	Leguminoseae
10	बहेड़ा	*Terminalia bellirica*	Combretaceae
11	हर्रा	*Terminalia chebula*	Combretaceae
12	पलाश	*Butea monosperma*	Leguminoseae
		Shrub	
13	आक	*Calotropis gigantea*	Asclepiadeceae
14	बायबिडिंग	*Embelia tsjerium-cottam*	Myrsinaceae
15	मरोड़फली	*Helicteres isora*	Sterculiaceae
16	कुटज / इन्द्रजौ	*Holarrhena antidysenterica*	Apocynaceae
17	जट्रोफा	*Jatropha curcas*	Euphorbiaceae
18	कटेरी	*Solanum surattense*	Solanaceae
19	निर्गुण्डी	*Vitex negundo*	Verbenaceae
20	धवई फूल	*Woodfordia fruticosa*	Lythraceae
		Herb	
21	अपामार्ग	*Achyranthes aspera*	Achyranthaceae
22	बच	*Acorus calamus*	Aracaceae
23	कालमेघ	*Andrographis paniculata*	Acanthaceae

क्रमांक	प्रजाति नाम	वानस्पतिक नाम	फेमिली नाम
24	पुनर्नवा	*Boerhavia diffusa*	Amaranthaceae
25	मंडुकपर्णी	*Centella asiatica*	Apiaceae
26	सफेद मुसली	*Chlorophytum borivillianum*	Liliaceae
27	काली मूसली	*Curculigo orchioides*	Hyopoxidaceae
28	तिखुर	*Curcuma angustifolia*	Apiaceae
29	सालपर्णी	*Desmodium gangeticum*	Leguminoseae
30	भृंगराज	*Eclipta alba*	Asteraceae
31	वन तुलसी	*Ocimum gratissimum*	Labiateae
32	भुई आंवला	*Phyllanthus amarus*	Euphorbiaceae
33	मकोय	*Solanum nigrum*	Solanaceae
34	सरफोंक	*Tephrosia purpurea*	Leguminoseae
35	गोक्षुर	*Tribulus terrestris*	Zygophyliaceae
36	वनजीरा	*Vernonia anthelmintica*	Asteraceae
		Climber	
37	लाल गूंजा	*Abrus precatorius*	Leguminoseae
38	शिकाकाई	*Acacia sinuata*	Leguminoseae
39	सतावर	*Asparagus racemosus*	Liliaceae
40	मालकांगनी	*Celastrus paniculatus*	Celastraceae
41	हडजोड़	*Cissus quadrangularis*	Vitaceae
42	गुड़मार	*Gymnema sylvestre*	Asclepiadaceae
43	अनंतमूल	*Hemidesmus indicus*	Asclepiadaceae
44	केवांच	*Mucuna pruriens*	Leguminoseae
45	बिदारी कंद	*Pueraria tuberosa*	Leguminoseae
46	बैचांदी	*Dioscorea hispida*	Dioscoreaceae
47	गिलोय	*Tinospora cordifolia*	Meninspermaceae
48	माहुल	*Bauhinia vahlii*	Leguminoseae
		Grass	
49	नागरमोथा	*Cuperus rotundus*	Cyperaceace

क्रमांक	प्रजाति नाम	वानस्पतिक नाम	फेमिली नाम
		Other	
50	शहद	Honey	
51	लाख	Lac	

अथर्ववेद की वनस्पतियाँ

अथर्ववेद में लगभग 289 वनस्पतियों की सूची मिलती है। कुछ के नाम यहाँ उल्लेखनीय हैं। देखिए अथर्ववेद – (1) व्याघ्री (2) सचीन (3) हारिद्रव (4) सोन (5) वीरण (6) विकंकत (7) वरण (8) सदंफला (9) वंश (10) प्रतिसर (11) नलद (12) बिस (13) वीरोदिक (14) विशफ (15) स्वधा (16) मधुमती (17) विशातकी (18) विबाध (19) सहदेवी (20) सदृमाना (21) बज (22) प्रेणी (23) नलद (24) न्यग्रोध (25) वढ़ (26) गुंज (27) दर्श (28) तेजन (29) पर्णा (30) चितनी (31) शमी (32) सद (33) शोचि (34) श्यामा (35) विषाणका (36) शंशप (37) शफक (38) शतवार (39) शतकाण्ड (40) सहस्रकाण्ड (41) शाकदूर्वा (42) शालुक (43) लाक्षा (44) रामा (45) रजनी (46) यव (47) निरिका (48) माष (49) माहाप्रष (50) मधुला (51) पीलु–आदि।

ब्राह्मण ग्रन्थों में पेड़ पौधे

(1) अश्वत्थ (2) अवका (3) अश्वगन्धा (4) अर्जुन (5) अर्क (6) अपामार्ग (7) अक्ष (8) अतसी (9) अध्याण्डा (10) शताकुंरा (11) शतमूला (12) शण (13) ब्रीहि (14) वंतस (15) वेणु (16) वृष (17) वीरण (18) भंग (19) भस्यास (20) भूमिषाषक (21) मधुक (22) मधुला (23) महावृष (24) यश्र (25) माष (26) वृष (27) बदर (28) तिल (29) जर्तिल (30) चन्दन (31) प्रतोद (32) पूतीक (33) पुष्कर (34) पलाश (35) कवल (36) काश (37) कुश (38) करीर (39) एरण्ड (40) उशाना (41) गूलर (42) आम्र (43) आदार (44) नलद (45) रजनी (46) लिबुजा (47) नीवार आदि ऐसी 129 वनस्पतियों की सूची मिलती है।

उपनिषदों में वनस्पतियाँ

(1) सर्षप (2) न्यूग्रोध (3) आमलक (4) आसिक्नी (5) अर्जुन (6) अश्वत्थ (7) गोधूम (8) तिल (9) ब्रीहि (10) श्यामाक (11) शरण (12)

यव (13) मूंज (14) महारजन (15) मयूर (16) पुडरीक (17) पीपल (18) पलाश (19) भस्यास (20) भूमिषाषक (21) मधुक (22) मधुला (23) महावृष (24) यव (25) माष (26) वृष (27) बदर (28) खल्व (29) कोल (30) अर्जन (31) अर्क (32) अमला (33) अणु (34) अगरू (35) कल्माश (36) खलकुश (37) सर्षप (38) गोखरू (39) चपल (40) मोरवा आदि।

यजुर्वेद में वनस्पतियाँ

1	अपामार्ग	28	गोधूम	55	मधुक
2	अर्क	29	घृताची	56	ममूर
3	अर्जुन	30	चणक	57	माष
4	अलाबू	31	चतुष्कोण वनस्पति	58	मूंज
5	अषका	32	जम्बीर	59	मुद्‌ग
6	अश्वत्थ	33	जर्तिल	60	यव
7	अश्ववार	34	तिल	61	यवस
8	अश्वावती	35	तिल्वक	62	यवाष
9	आंजन	36	दर्भ	63	रोहितक
10	आम्ब	37	दूर्वा	64	वंश
11	इक्षु	38	नित्तनी	65	वरण
12	उदुम्बर	39	नीवार	66	वर्षाह
13	उदोजस	40	न्यग्रोध	67	वर्षहा
14	उषवाका	41	पर्ण	68	विकंकत
15	करीर	42	पीतदारू	69	वृष
16	कर्कन्धु	43	पुष्कर	70	वेणु
17	कार्ष्मर्थ	44	पूतद्रु	71	वेतस
18	कुवल	45	पूतीक	72	शमी
19	कुश	46	पियंगु	73	व्रीहि
20	कृष्णल	47	प्लक्ष	74	शर
21	क्रमुक	48	बदर	75	शाल्मॅल
22	खदिर	49	बल्वज	76	श्यामाक
23	खर्जूर	50	विभितक	77	सहमाना

24	खल्व	51	बिल्व	78	सुगन्धितेजन
25	गर्मुत	52	भूर्ज	79	सोम
26	गवेधुका	53	मधुला	80	स्वेकपर्ण (श्येनपर्ण)
27	गुग्गुलु	54	मध्वष्ढीला	81	सोमावती
				82	हिरण्यपर्ण

ऋृग्वेद कालीन वनस्पतियाँ

1	अक्ष	28	पर्ण	55	शात्
2	अतसौ	29	पाकदूर्वा	56	शिग्रु
3	अबहनती	30	पाकवलि	57	शिंशपा
4	अरटु	31	पाठा	58	शिलाची
5	अश्वत्थ	32	पिप्पल	59	शीपाल
6	अश्वावती	33	पिंषती	60	सैर्थ
7	आज्जन	34	पुष्कर	61	सोम
8	आयती	35	बल्वज	62	सोमावती
9	आलक	36	विभीतक	63	स्पन्दन
10	उत्तानपर्णा	37	बिल्व	64	स्वर्धिति
11	उदोजस	38	भंग	65	हिरण्यपर्ण
12	उवरिरक	39	मधुला	66	हादिका
13	उलप	40	मूंज		
14	उर्जयन्ती	41	यव		
15	काकम्बीर	42	यवस		
16	किंशुर	43	रोपणका		
17	कुशर	44	लाक्षा		
18	क्याम्बू	45	लिबुजा		
19	खदिर	46	लोध		
20	घृताची	47	वंश		
21	जलाष भेषज	48	विश्वभेषजी		
22	तेजन	49	वीरण		

23	यायमाण	50	वेणु
24	दर्भ	51	वेतस
25	दूर्वा	52	शर
26	नड	53	शल्मलि
27	परायती	54	शाकवलि

चरक की वनस्पतियाँ

महर्षि चरक ने अपने चरक संहिता में निम्नांकित वनस्पतियों का उल्लेख किया है परन्तु (देखें प्राचीन कालीन खोज) इनमें से अनेक वनस्पतियों की प्राप्ति वर्तमान में कठिन प्रतीत होता है। महर्षि चरक ने लगभग 200 वनस्पतियो से अधिक नामों का अपने ग्रंथ में उल्लेख किया है जिसे यहाँ ज्ञानार्थ कुछ वनस्पतियों की सूची प्रस्तुत की जा रही है।

1	अक्ष	*Terminalia belerica*	
2	अक्षोट	*Juglans regia or Aleurites triloba*	
3	अगरू	*Aquilaria agallocha*	
4	अग्निमथ	*Clerodendron phlomoides or Premna spinesa*	अरणी, टेकार
5	अकोट	*Alangium lamarkii*	अंकोल (*A. hexapetallum*)
6	अजकर्ण	*Vateria indica*	सफेद डामर
7	अजगन्धा	*Peucedanum grande*	डुकु
8	अजमोद	*Apium graveolens*	अजमोद
9	अतसी	*Linum usitatissimum*	तीसी, अलसी
10	अतिबला	*Abutilon indicum*	कंधी
11	अतिविषा	*Aconitum heterophyllum*	अतीस
12	अन्तःकोटर पुष्पी	*Argyreia speciosa*	समंदर सोख
13	अपराजिता (गिरिकर्णिक)	*Clitoria ternatea*	

14	अपामार्ग (चिरचिटा)	*Achyranthes aspera*	(चिड़चिड़ा) चिरचिटा
15	अभिरूप	*Asparagus dumosus*	दरियाई गजबेल
16	अम्बषष्ठा	*Cissampelos pareira*	पाढ़ी (दुरवनिर्विषी)
17	अम्लचांगरी	*Oxalis corniculata*	तिनपत्तिआ, अमूल
18	अम्लिका	*Tamarindus indica*	इमली
19	अम्लिका कंद	*Dioscorea oppositifolia*	आंबलियोकन्द
20	अरिमेद	*Acacia leucophloea*	सफेद बबूल, रींझ
21	अर्क	*Calotropis gigantea*	मदार, आक
22	अर्जक	*Ocimum gratissimum*	दवना, रामतुलसी
23	अर्जुन	*Terminalia arjuna*	कोहा
24	अवाकपुष्पी	*Trichodeoma indicum*	छोटा वुल्फा
25	अशोक	*Saraca indica*	अशोक
26	अश्मन्तक	*Bauhinia ralemosa*	आपटा, वनराज
27	अश्वगंधा	*Withania somnifera*	
28	अश्वत्थ	*Ficus religiosa*	पीपल
29	असन	*Bridelia mintana*	खरक, असन
30	आखुपर्णो	*Iponia reniformis*	
31	आढकी	*Cajanus indicum*	अरहर
32	आत्मगुप्ता	*Mucuna pruriens*	केंवाच
33	आदित्यवल्ली	*Helianthus annuus*	सूरजमुखी
34	आमलक	*Phyllanthus embelica*	आँवला
35	आम्र	*Mangifera indica*	आम
36	आम्रतक	*Spondias mangifera*	अम्बाड़ा
37	आरग्वध	*Cassia fistula*	अमलताश
38	आएक	*Prunus persica*	आडू–आरू
39	आद्रक	*Zingiber officinale*	अदरख
40	इक्षु	*Saccharam officinarum*	इख, गन्ना
41	इक्षुरक	*Hygrophyila spinosa*	तालमखाना
42	इद्रगुदी	*Balanitics roxburghii*	हिंगोट

43	इत्कट	*Sesbania aculeata*	जयन्ती, घुनची
44	इन्द्रवारूणी	*Citrullus colocynthis*	इन्द्रायन
45	उच्चटक	*Blepharis edulis*	उतंजन
46	उत्पल	*Nymphaea*	कृष्णकमल
47	उदकीर्यका	*Caesalpinia digyna*	वाकेरी मूल
48	उदुम्बर	*Ficus glomerata*	गूलर
49	उपकुचिंका	*Nigella sativa*	काला जीरा, मगरैल
50	उपोदिका	*Basclla rubra*	पोई
51	उशीर	*Andropogon muricatus, Vtiveria zizaniides*	खस
52	एरका	*Typha elephantina*	हांगला, पेदर
53	एरण्ड	*Ricinus communis*	रेंड़ी
54	एर्वासू	*Cucumis utilissimus*	ककड़ी
55	एल्वालुक	*Brunus cerasus*	आलूबालू, एलुवा
56	एला	*Elettaria cardamomus*	इलायची
57	एलापर्णी	*Alpinia galanga*	बड़ाकुलिंजन
58	कवन्कोल	*Piper cubeba*	कबाबचीनी
59	कंगु	*Panicum italicum*	कंगनी
60	कंगनी	*Albizzia procera*	सफेद शिरीष
61	कटुतुम्बी	*Langenaria vulgaris*	
62	कटुफला	*Hibiscus abelmoschus*	मुषकदाना
63	कटुरोहिणी	*Nyrica nagi*	कायफल
64	कटूवंग	*Ailanthus excelsa*	अरलु
65	कंटकारी	*Solanum xanthocarpum*	भटकटैया
66	कंटकी करंज	*Coesalpinia bonducella*	कंजा
67	कतक	*Strychno potatorum*	निर्मली
68	कदम्ब	*Anthocephalus cadamba*	कदम्ब
69	कदर	*Acacia senegal*	सफेद खैर
70	कदली	*Musa sapientum*	केली
71	कनकपुष्पी	*Euphorbia thomsoniana*	हीरवी

72	कपित्थ	*Feronia elephantum*	कैथ
73	कपितम	*Thespesia populnea*	पारस, पिप्पल भेंडि
74	कम्पिल्लक	*Mallotus phillippinensis*	रोरी, राहिना
75	कमल	*Nelumbium speciosum*	कमल
76	करंज	*Pongamia jlabra*	करंज
77	करमर्द	*Carissa carandus*	करौंदा
78	करवीर	*Nerium odorum*	कनेर
79	करीर	*Capparisa phylla*	करेर
80	कर्कटकी	*Cucumis sativus*	खीरा
81	कर्कटश्रृंगी	*Rhus succedanea*	काकड़ासिंगी
82	कर्कन्धु	*Zizphus nummularia*	झरबेरी
83	ककसि	*Cucumis melo*	खरबूजा
84	कर्कोटक	*Momardica dioica*	ककौड़ा
85	कर्चुर	*Curcuma zedoaria*	कचूर
86	कर्पूर	*Dryobalanops*	कपूर
87	कर्बुदार	*Bauhinia acuminata*	कचनार
88	कलम्ब	*Ipomoea aquatiea*	नाड़ी, शाक, कमली
89	कलाय	*Lathyrus sativus*	खेसारी
90	कशेरूक	*Seirpus kysoor*	कसेरू, चीचण्डा
91	काकवासा	*Pentatropis microphylla*	शीगरोटी, कौआठोढ़ी
92	काकमाची	*Solanum nigrum*	मकोय
93	काकाण्डोला	*Canavalia ensiformis*	सैम
94	काकोदुम्बरिका	*Ficus hispida*	तोटमिला, कटगूलर
95	कारवेल्लिका	*Momprdica charantia*	करेला
96	कापसि	*Gossypium herbacevm*	कपास
97	कालशाक	*Corchorus capsularis*	नरिचा
98	कालानुसारिका	*Ichnocarpus ructescens*	काली सर, दुधी
99	कालयेक	*Santaum flavum*	पीला चन्दन
100	काश	*Saccharum spontaneum*	कास
101	काश्मरी	*Gmelinaarborea*	गंभार– कंभार

102	कासमर्द	*Cassia occidentais*	कसौंदी
103	किराततिक्त	*Swertia chirata*	चिरायता
104	कुंकुम	*Crocus sativus*	केशर
105	कुटज	*Holarrhena antidysenterica*	कोरैया, कुर्ची
106	कुतुम्बक	*Leucas linifolia*	गुमा, हालकास
107	कुमारजीव	*Putranliva roxburghini*	जियापुत–पुत्रजीव
108	कुमुद	*Nymphocaalba*	कांई, छोटा कंवल
109	कुम्भी	*Carcyaarborea*	कुम्भी
110	कुरण्टक	*Barleria prionitis*	पीली कटसरैया
111	कुलत्थ	*Dolichos biflorus*	कुलथी
112	कुवल	*Zizyphus sativus*	वनबेर (उन्नाव)
113	कुष्ठ	*Sussuria iappa*	कुठ
114	कूष्माण्ड	*Benincasa cerifera*	कोंहड़ा (कद्दू)
115	कुसुम्भ	*Carthamus tinctorius*	कुसुम्भ
116	कुस्तुम्बरू	*Coriandrum sativum*	धनिया
117	कृतवेधन	*Luftaaeutangula*	कड़वी तोरई
118	कृष्ण चित्रक	*Plumbago capensic*	कालाचिन्ता
119	कृष्ण शण	*Crotalaria verrucosa*	वनसन
120	कृष्ण शैरेयक	*Barleria cristata*	आसमानी कटसरैया
121	केशरम्	*Ochrocarpus longifolius*	नागकेशर
122	केशी	*Corydalis govaniana*	भूतकेशी
123	कैदर्य	*Muùkaya koenigii*	गन्धेला
124	कोदर्व	*Pas palum scrobiculatum*	कोदों
125	कोविदार	*Bavhinia variegata*	कचनार
126	कोशाभ्र	*Schleichera trijuga*	कुसुम
127	क्रमुक	*Symplocos crataegoides*	पठानी लोध
128	क्षवक	*Centipeda orbicularis*	नकछिकनी
129	क्षीरवल्ली	*Holostemma rheedii*	धिरबेल
130	क्षीरविदारी	*Ipomoea digitata*	बिलाईकन्द
131	खदिर	*Acacia catechu*	खैर, कत्था

132	खर्जुर	*Phoenix dactylifera*	खजूर
133	गजपिप्पली	*Scindapsus officnalis*	गजपीपल
134	गवेधुक	*Coix lachryma*	कसई
135	गुग्गुल	*Balsamodenron mukul*	
136	गुंज्जा	*Abrus precatorivs*	
137	गुड़ची	*Tinospora cordifolia*	
138	गोक्षुरक	*Tribulus terrestris* *T. lanuginosus*	
139	गोजिहगा	*Elephantopus scaber*	
140	चक्रमर्द	*Cassia tora*	
141	चज्चु	*Corchorus olitorius*	
142	चन्दन	*Santalumalbum*	चन्दन
143	चर्मकषा	*Acacia concima*	
144	चविका	*Piper chaba*	चाब
145	चांगेरी	*Oxalis corniculate*	
146	चारटी	*Ionidium suffruticosum*	रतन पुरूष
147	चिवक	*Plumbago zeylanica*	चीता
148	चिरबिल्व	*Holoptelia integrifolia*	चिलबिल
149	चिर्भट	*Cucumis melo*	फ्रूट ककड़ी
150	चिल्ली	*Chenopodium album*	बथुआ

1. मुख्य लघुवनोपज – बाजार मांग

वन क्षेत्र में पायी जाने वाली समस्त प्रजातियों में कुछ न कुछ औषधीय या अन्य गुण होते हैं, परन्तु सभी प्रजातियाँ व्यापारिक दृष्टि से महत्वपूर्ण नहीं होती है। अतः छत्तीसगढ़ राज्य में उपलब्धता तथा बाजार माँग के आधार पर 50 प्रजातियों के लिए यह मार्गदर्शिका तैयार की गयी है। इन प्रजातियों की सूची तालिका 1 में दी गयी है तथा सूची में जिन प्रजातियों पर स्टार (*) का चिन्ह अंकित है, उन प्रजातियों का संग्रहण सीमित माँग होने के कारण माँग अनुसार किया जाना है।

2. विनाश–विहीन विदोहन

लघु वनोपज संगहण हेतु विनाश–विहीन विदोहन पद्धति अपनाने से वन संसाधन की अपेक्षाकृत कम क्षति होगी, साथ ही वनोपजों की उपलब्धता तथा उत्पादन में आगामी वर्षों में कमी नहीं आवेगी। अतः स्थानीय ग्रामीणों को विनाश– विहीन विदोहन प्रक्रिया अपनाने हेतु प्रोत्साहित किया जाना आवश्यक है, जिससे वनक्षेत्र सुरक्षित होकर पुनरूत्पादन में वृद्धि हो सके। विनाश–विहीन विदोहन पद्धति से अकाष्ठीय वनोपज संग्रहण करने हेतु नीचे दर्शाये बिन्दुओं पर विशेष ध्यान दिया जाना चाहिये।

- पुनरूत्पादन हेतु विशेष प्रयास
- संग्रहण पद्धति
- संग्रहण मात्रा

3. क्लीनिंग/खरपतवार सफाई

अतः स्थलीय संवर्धन कार्य के अंतर्गत महत्वपूर्ण प्रजाति के आसपास अवांछित प्रतिस्पर्धा कम करने के लिये क्लीनिंग कार्य या खरपतवार निर्मूलन कार्य करना चाहिये, इससे प्रस्तावित प्रजाति की घनत्व तथा उत्पादन मात्रा बढ़ सकेगी।

4. पुनःस्थापना

औषधी कंद/मूल संग्रहण के बाद उक्त पौध की पुनः स्थापना करनी चाहिए। उदाहरण के लिए सतावर पौधे के चारों ओर 2 फीट व्यास में खुदाई कर उसके कंदों में मात्र बड़े कंदों को संग्रहित कर (कुल कंद का लगभग 60%) शेष छोटे कंद डिस्क सहित पुनः जमीन में लगाना होगा। इससे पौधा पुनः स्थापित होकर एक दो वर्ष में पर्याप्त उत्पादन दे सकेगा। इस प्रकार क्षेत्र में महत्वपूर्ण प्रजाति को संरक्षित करते हुए उसका संग्रहण किया जा सकता है।

5. संग्रहण काल

वनोपज के संग्रहण करने के लिए पादप प्रजाति का सही संग्रहण काल की जानकारी होना अतिमहत्त्वपूर्ण है। संग्रहण उस समय किया

जाना चाहिए जब प्रयोज्य भाग पूर्णपरिपक्व तथा विकास की चरम सीमा पर हो, जिससे उसमें प्रयुक्त औषधीय गुण पर्याप्त मात्रा में विद्यमान रहे। इसलिए वनोपजों का संग्रहण काल प्रयोज्य अंग के अनुसार तालिका 2 में दिया गया है।

वनोपज का संग्रहण काल तालिका 2 के अनुसार करना चाहिए।

क्र.	उपयोगी भाग	संग्रहण अवधि के लिए समान्य निर्देश
1.	पत्ते	पत्तों का संग्रहण पौधे में पुष्पन की अवधि में करें।
2.	फूल	सूखे मौसम में फल आने के पूर्व करें
3.	फल	कुल फलों को पकने पर संग्रहण करें। उदा. – लालगूंजा कुछ फलों का अधपके स्थिति में संग्रहण करना है। उदा. – बेल कुछ फलों को पूरा परिपक्व होने के बाद ही संग्रहण करें। उदा. आंवला, बायबिडिंग तथा चिरौंजी।
4.	कंद या जड़	मुख्यतः नवम्बर से जनवरी माह में प्रजाति के अनुसार संग्रहण करें।
5.	पंचांग	एक वर्षीय या द्विवर्षीय पौधे बीज गिरने के बाद ही संग्रहित करें ताकि उनका पुनरूत्पादन सुनिश्चित हो उदा. – कालमेघ, भुई आंवला

6. संग्रहण पद्धति

संग्रहण पद्धति प्रजाति तथा उपयोगी भाग पर निर्भर करती है।

7. पत्ती, फूल, फल, पुष्पीय भाग एवं बीज का संग्रहण

संग्रहण करते समय यह ध्यान रखे कि, पौधा पूरी तरह से परिपक्व हो।

- किसी भी एक पौधे से सम्पूर्ण पत्तियों एवं फूलों का संग्रहण न करें।
- कीड़े लगे हुए या रोगग्रस्त पौधे से पत्तियाँ, फूल, फल एवं बीज का संग्रहण कदापि न करें, बल्कि उसकी सुरक्षा सुनिश्चित करें।

- वृक्ष/शाखाओं को काटकर पत्तियों, फूल तथा फल का संग्रहण न करें।
- पूरी तरह से खिले हुए फूल एवं परिपक्व फल का ही संग्रहण करें, ताकि उनकी औषधीय गुणवत्ता पूर्वरूपेण प्राप्त हो सके।

8. कंद का संग्रहण

- तिखुर, सफेद मुसली, सतावर आदि से कंद का संग्रहण उस समय करना चाहिये जब पौधे की पत्तियां पीली होकर झड़ने लगे।
- कंद संग्रहण करते समय ध्यान रखना आवश्यक है कि मुख्य कंद को छोड़ कर पार्श्व कंदों का संग्रहण करें।
- कंद संग्रहण पश्चात पौधे को पुनः उसी स्थान पर पुनः स्थापित करें।

9. प्राथमिक उपचार

वनोपजों के संग्रहण के पश्चात् तथा भंडारण के पूर्व किये जाने वाली प्रक्रिया प्राथमिक उपचार कहलाती है। अतः प्राथमिक उपचार के अन्तर्गत निम्नानुसार कार्य करें –

10. संग्रहण के पश्चात् वनोपज की साफ सफाई

अकाष्ठीय वनोपज संग्रहण के बाद सबसे पहले अवांछनीय अशुद्धियों जैसेः खरपतवार, खराब पत्ते, कीड़े मकोड़े, डंठल, धूल, मिट्टी तथा अन्य प्रजातियों की मिलावट आदि को अलग करना चाहिए। अधिक लाभ पाने के उद्देश्य से किसी अन्य प्रजाति का मिश्रण करने से उस वनोपज का उचित मूल्य नहीं मिलेगा।

11. वनोपज को सुखाने की विधि

संग्रहित वनोपज को सुखाने की प्रक्रिया के लिए निम्न बातों का ध्यान रखें –

- संग्रहित उपज को सूखाने के लिए स्वच्छ, हवादार तथा नमी रहित स्थान होना चाहिये।
- वनोपज को समान आकार के छोटे टुकड़ों में काटकर सुखाया जाना चाहिए।
- एक जैसी दिखने वाली वनोपज को पास–पास नहीं सुखाया जाना चाहिये, अन्यथा मिलावट की दशा में पृथक करना बहुत कठिन होगा।

तालिका – 3 वनोपज को सुखाने की विधि

क्र.	वर्ग	सुखाने की विधि
1.	पत्तियां युक्त उपयोगी भाग	छाँव में
2.	जड़, छाल एवं बीज	धूप में
3.	कंद, प्रकंद जैसे – मूसली तथा बच आदि	छाँव में
4.	फूल एवं सुगंधित वनोपज	हमेशा छाँव में

12. उपज वर्गीकरण (Grading)

वनोपज को आवश्यकतानुसार सुखाने के उपरांत लघु वनोपज के समान आकार, रंग, रूप के अनुसार यथासम्भव व्यापार में प्रचलन के अनुरूप ग्रेड बना लें। उपरोक्त के अलावा मोटे मांसल युक्त छाल, पत्ती एवं फूल को सुखाने हेतु सोलर ड्रायर का उपयोग किया जाना उपयुक्त होता है।

13. पैकिंग

वनोपज की साफ सफाई, सुखाई तथा ग्रेडिंग के बाद उचित पैकिंग करें। उचित पैकिंग से वनोपज का भण्डारण काल बढ़ाया जा सकता है। पैकिंग हेतु सीमेंट की पुरानी बोरियाँ तथा फटी पुरानी बोरियों का उपयोग नहीं करे। तालिका–4 में दर्शाये अनुसार सामग्रियों का उपयोग पैकिंग में किया जाना चाहिए।

तालिका क्रमांक 4. पैकिंग सामग्री विवरण

क्रं.	संग्रहित किये जाने वाले वनोपज का भाग	पैकिंग हेतु सामग्री
1.	छाल एवं जड़	जूट बैग (गनी बैग)
2.	पत्तियां युक्त – लताएँ, सम्पूर्ण शाकीय पौधे	पॉलीथीन बैग
3.	प्रकंद, गूदेदार फूल एवं फल	उत्तम गुणवत्ता की मोटी पॉलीथीन बैग
4.	फूल, नाजुक फल एवं बीज	

14. भण्डारण

- भण्डार गृह बिल्कुल साफ होना चाहिए। भण्डार गृह में सीलन या नमी बिल्कुल नहीं होना चाहिए।
- भण्डार गृह को पक्षियों, कीड़े मकोड़ों तथा चूहों के प्रकोप से मुक्त रखना चाहिए।
- भण्डार गृह में बोरों को दीवाल से 2 फीट की दूरी पर जमीन से ऊपर अथवा प्लेटफॉर्म पर रखना चाहिए।
- प्रत्येक बोरे पर टैग लगाया जाना चाहिए, जिस पर प्रजाति का नाम, प्रजाति के भाग का नाम, संग्रहण अवधि तथा वजन (कि॰ग्रा॰ में) का उल्लेख किया जाना चाहिये।
- इमली, चिरौंजी तथा उच्च ग्रेड के आंवले आदि को कोल्ड स्टोरेज में भंडारित करना चाहिये।
- उपज का भण्डारण लम्बी अवधि हेतु नहीं करना चाहिए। एक निश्चित समयावधि के पश्चात् वनोपज को औषधि के रूप में निर्मित कर उपयोग किया जाना आवश्यक होता है, जिससे उस वनोपज की औषधीय गुणवत्ता (Active Principle) संरक्षित रह सके।
- समय–समय पर भण्डारण गृह का निरीक्षण करते रहना चाहिए।

■■■■

वनोपज के गुणवत्ता मानक एवं परीक्षण

कच्चे, शुद्ध तथा सही प्रकार से उपचारित लघु वनोपज को इंडियन फार्मेकोपिया (Indian Pharmcopeia) अथवा भारतीय मान स्तर BIS (Bureau of Indian Standards) के अनुरूप गुणवत्ता की जांच कराकर प्रमाणित करना चाहिये। प्रमाणित (Certified) कच्चे लघु वनोपज की बाजार माँग अधिक होगी एवं अपेक्षाकृत अधिक विक्रय मूल्य बाजार में प्राप्त होगा।

2.1 कच्चे लघु वनोपज के प्रतिनिधि द्रव की (Representative Element) सैम्पल तैयारी

कच्चे लघु वनोपज की गुणवत्ता परीक्षण करने के लिये प्रत्येक लॉट का प्रतिनिधि सेम्पल तैयार करने के लिए भंडारित लॉट में अलग–अलग सेम्पलों से 4–5 किग्रा. वनोपज लेकर उसे अच्छी तरह Representative Sample तैसरी में Quartering Method अपनाया जाना है, जिसका विवरण निम्नानुसार है –

1. अच्छी तरह से मिलायी गयी लघु वनोपज को स्वच्छ स्थान पर चित्र 1 के अनुसार चौकोर आकर में ढेर लगाकर रखें।

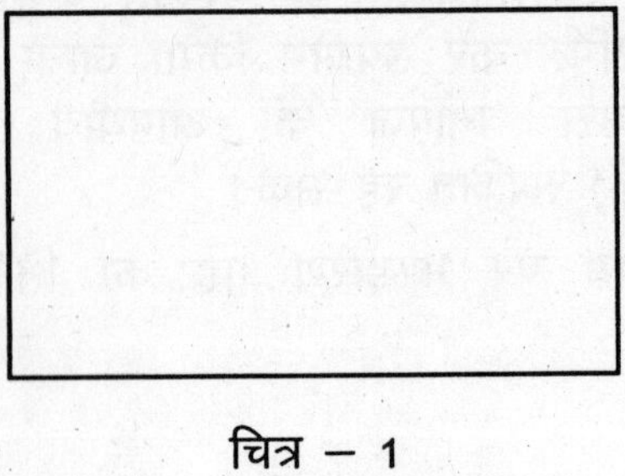

चित्र – 1

2. अब इस चौकारे ढेर को विकर्ण से चित्र – 2 के अनुसार चार बराबर भागों में बाटें।

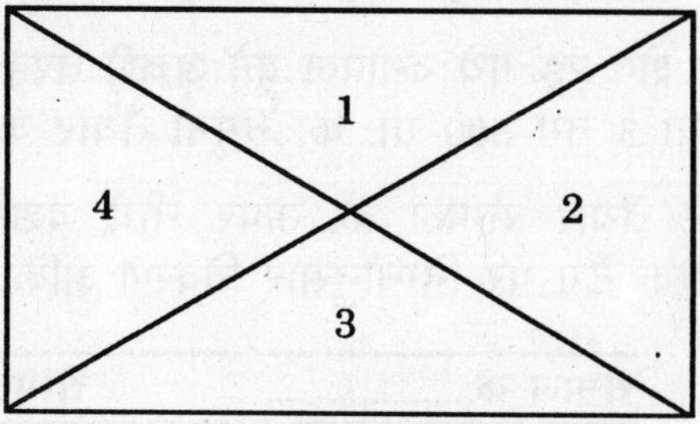

चित्र – 2

3. इन चार भागों में से सबसे पहले प्रथम दो आमने–सामने (1 एवं 3) वाले भाग की वनोपज को अलग कर देवें।

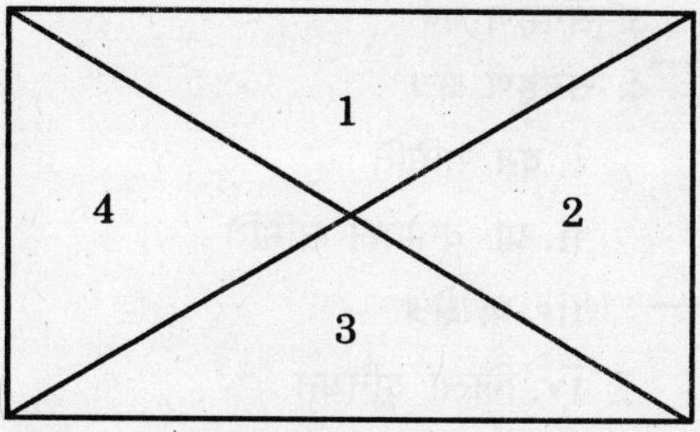

चित्र – 3

4. अब शेष वनोपज को आपस में मिलाकर चौकोर ढेर तैयार कर पुनः 4 भागों (चित्र 1) में बाटें। इसमें से चित्र–4 के अनुसार दो विपरीत भागों (2 एवं 4) की वनोपज को अलग कर देवें।

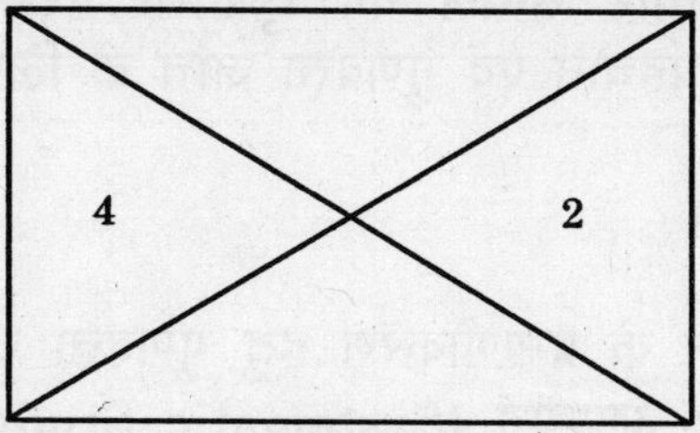

चित्र – 4

5. इस प्रक्रिया को (चित्र 2 से चित्र 4 के अनुरूप) 3 से 4 बार दोहरावें। इससे वनोपज का वजन क्रमशः घटकर अंत में मात्र लगभग 1 से 2 किलोग्राम रह जाता है।

6. इस प्रकार शेष रह गये वनोपज को अच्छी तरह मिलाकर 3 नग 1 किग्रा. या 3 नग 500 ग्रा. का नमूना तैयार कर लेते हैं।

7. इस प्रकार तैयार सैम्पल के ऊपर नीचे दर्शाये अनुसार टैग लगावें प्रत्येक टैग पर निम्नानुसार विवरण अंकित करें –

सेम्पल क्र.....................   सेम्पल वजन...............

1. प्रजाति का नाम
   i. सामान्य नाम
   ii. वानस्पतिक नाम
2. उपयोग भाग
3. संग्रहण वर्ष
4. संग्रहण क्षेत्र
   i. वन समिति
   ii. प्रा. वनोपज समिति
   iii. परिक्षेत्र
   iv. जिला यूनियन
5. भंडारण स्थान
6. सेम्पल तैयार किये जाने की तिथि   दिनांक
7. सेम्पल तैयार करने वाले कर्मचारी का नाम/पदनाम   दिनांक

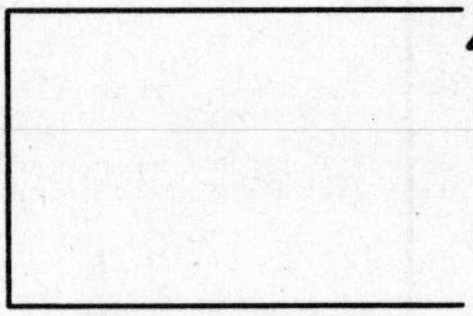

चित्र – 5. टैग

8. इस तरह तैयार सैम्पल को गुणवत्ता परीक्षण प्रयोगशाला में वनोपज की पहचान एवं गुणवत्ता जांच के लिए भेजा जाता है।

2.2 गुणवत्ता जांच

वनोपज सैम्पल के प्रमाणीकरण हेतु गुणवत्ता जांच प्रयोगशाला में निम्नानुसार क्रमवार अध्ययन (Systematic Study) किया जाता है, जिसका ज्ञान होना आवश्यक है।

1. वनोपज का सामान्य नाम, वानस्पतिक नाम तथा कुल, आदि (Origin, Common Name, Scientific Name and Family of Species)
2. प्राप्ति स्त्रोत (Geographical Source) कच्ची वनौषधियाँ ऐसे स्थानों से संग्रहित की जावे जहां की भूमि में विषाक्त कन्टेन्ट (तत्व) जैसे आर्सेनिक आदि पाये जाये की संभावना कम हो।
3. खेती, संग्रहण एवं भंडारण (Cultivation, Collection and Storage) विवरण।
4. मेक्रोस्कोपिक (Macroscopic), माइक्रोस्कोपिक (Microscopic) एवं सेन्सरी (स्वाद, गंध आदि) (Sensory/Organoleptic i.e. Taste, Small etc.) परीक्षण।
5. रासायनिक संघटन (Chemical Composition)
6. वनोपज की शुद्धता, स्वस्थता आदि की पहचान (Identity, Purity, Strength and Assay)
7. विकल्प एवं मिलावट (Substitutes and Adulterants) – संग्राहक को किसी औषधि के प्रतिनिधि द्रव्य संबंधी जानकारी होना आवश्यक है तथा संबंधित औषधि द्रव्य में मिलावट से बचाव हेतु उनसे समानता रखने वाले पौधों की भी पहचान हो। उपरोक्त विधिवत अध्ययन वैज्ञानिक एवं फार्मेकोग्नोस्टिकल मूल्यांकन (Scientific and Pharmacognostic evalu-ation) कहलाता है। गुणवत्ता जांच प्रयोगशाला में उपरोक्त अध्ययन के साथ वनापज की जांच मुख्यतः निम्न चरणों में की जाती है–
   1. **आकारिकी (Morphological)** – सर्वप्रथम प्राप्त वनोपज नमूने की पहचान, रंग, रूप, गंध एवं चखकर की जाती है जिससे सही वनोपज एवं वनोपज में किसी अन्य प्रजाति की मिलावट का पता लगाया जाता है। इसके बाद नग्न आँख या लैंस द्वारा देखकर अधिक नमी एवं सूक्ष्म जीव फफूंद, बैक्टीरिया आदि से संक्रमित/रोगग्रस्त लक्षणों का अवलोकन किया जाता है।
   2. **सूक्ष्मदर्शीय अध्ययन (Microscopic Method of Examining Crude Drugs)** – वनोपज नमूने में जड़, तना, फल, फूल, बीज अथवा चूर्ण की जांच कर सही

प्रजाति की पहचान सूक्ष्मदर्शी की सहायता से की जाती है। इस विधि में प्राप्त नमूने की स्लाइड तैयार कर कोशिकाओं (Cells), उत्तकों (Tissues), ग्रंथियों (Glands) तथा कणिकाएं (Granules), आदि का निम्नानुसार परीक्षण किया जाता है :

1. **पत्ती युक्त भाग** – प्राप्त पत्ती युक्त नमूने की स्लाइड तेयार कर स्टोमेटा के प्रकार (Types of Stomata) तथा ट्राइकोम (Trichome) आदि संरचनाओं के अध्ययन के आधार पर नमूने में अन्य प्रजाति की उपस्थिति का पता लगाया जाता है।
2. **फल एवं बीज युक्त** – फल एवं बीज युक्त नमूने में स्टार्च (Starch) का पता आयोडिन विलयन (Iodine solution) द्वारा एवं तेल (oil) का परीक्षण सुडान –3 (Sudan III) रसायन की सहायता से करके मिलावट का पता लगाया जाता है।

2.1. छाल (Bark)

लिग्नीफाईड तत्व, स्टार्च, टेनिन एवं एन्थ्रीक्वीनोन तत्व (Lignified Elements, Starch, Tanin & Anthraquinone Derivatives) के परीक्षण (Testing) द्वारा छाल युक्त पूर्ण की पहचान की जा सकती है।

2.1 जड़ एवं (Root & Rhizome)

जड़ युक्त वनोपज सैम्पल का ऊतकीय एवं रासायनिक परीक्षण द्वारा स्टार्च कण, इनुलिन, लिग्नीफाईड तत्त्व एवं तेल की उपस्थिति के आधार पर परीक्षण कर जड़ युक्त भागों की पहचान एवं मिलावट का पता लगाया जा सकता है।

2.3 भौतिक रासायनिक परीक्षण

इसके अन्तर्गत मुख्य परीक्षण अति आवश्यक होते हैं –

1. नमी (Moisture)

2. बाह्य पदार्थ (**Foreign Matter**)
3. एश कन्टेन्ट
   (अ) टोटल एश की मात्रा
   (ब) एश कन्टेन्ट – एसिड इन्साल्यूबल
4. एक्सट्रैक्टिव वेल्यू
   (अ) जल में घुलनशील
   (ब) एल्कोहल में घुलनशील

2.3.1 नमी

नमी की मात्रा प्रजातिवार अलग–अलग हो सकती है। सामान्यतः 10 प्रतिशत से कम नमी वाले गोदाम में भण्डारण किया गया है, यदि उस वनापज को सही तरीके से नहीं सुखाया गया है तो नमी का परीक्षण ओवन ड्राइंग विधि के द्वारा किया जाता है।

2.3.2 बाह्य पदार्थ

वनापज में बाह्य पदार्थ की मात्रा अधिकतम 8 प्रतिशत तक मान्य होती है। इससे अधिक होने पर कच्ची वनोपज मापदण्ड के अनुरूप नहीं मानकार अस्वीकृत कर दी जाती हैं। पदार्थ को अलग कर बाह्य पदार्थ की मात्रा तौलकर ज्ञात कर लेते हैं तथा प्रतिशत की गणना कर ली जाती है।

2.3.3. कुल एश की मात्रा

कच्चे लघु वनोपज में मिट्टी एवं रेत की मात्रा ज्ञात किए जाने के लिए एश की मात्रा का परीक्षण किया जाता है। प्रत्येक प्रजाति के लिए एश की मात्रा की सीमा अलग–अलग होती है। कच्चे उत्पाद में एश मात्रा ज्ञात करने के लिए नमूने का 2–3 ग्राम पाउडर लेकर उसे सिलिका डिश में रखकर मर्फल फरनेस में 450°C पर रखते हैं। इसके बाद इसे डेसिकेटर में रखकर ठंडा करने के पश्चात सीलिका डिश सहित तौलकर एश की प्रतिशत मात्रा ज्ञात की जाती है।

2.3.4. एसिड इनसाल्यूबल एश कन्टेन्ट

वनोपज में सिलिसियस पदार्थ की मात्राा अधिक होने पर कच्चा उत्पाद अनुपयोगी होता है। अतः प्राप्त कुल एश में सिलिसियस पदार्थ की मात्रा ज्ञात करने के लिए अम्ल में अघुलनशील एश मात्रा ज्ञात की जाती है। कुल एश से प्राप्त अवशेष को क्रुसीबल में लेकर उसमें हाइड्रोक्लोरिक अम्ल डालते हैं और सावधानी से उसे 5 मिनट के लिए उबालते हैं। तत्पश्चात् गरत पानी से इस क्रुसीबल को धोते हैं, धोने पर अघुलनशील पदार्थ को एशलैस फिल्टर पेपर पर डालते है। तथा पुनः क्रुसीबल को गरम पानी से धोने की प्रक्रिया को पुनः दोहराते है, अब इस एशलैस फिल्टर पेपर को मोड़कर क्रुसीबल में रखकर मर्फल फरनेस में 450ºC पर तब तक रखते हैं जब तक क्रुसीबल का स्थायी वजन न आ जावे। अंत में क्रुसीबल का वजन लेकर एसिड इनसाल्यूबल एश कन्टेन्ट की प्रतिशत मात्रा ज्ञात की जाती है।

2.3.5 एक्सट्रेक्टिव वैल्यू

वनोपज की गुणवत्ता ज्ञात करने के लिए एक्सट्रेक्टिव वैल्यू एक गुणात्मक मापदंड है। एक्सट्रेक्टिव वैल्यू से किसी प्रजाति के अपक्षयन का पता लगाया जा सकता है। प्रत्येक प्रजाति के लिए इसका मान अलग–अलग होता है। आयुर्वेदिक फार्मोकोपिया ऑफ इंडिया में औषधीय पौधों के एक्सट्रेक्टिव वैल्यू का मान दिया गया है। एक्सट्रेक्टिव वैल्यू के आधार पर वनोपज नमूने की गुणवत्ता की जांच दो विधियों द्वारा ज्ञात की जाती है। तदनुसार प्रजाति को उपयोग में लिया जाना निर्धारित कर सकते हैं।

1. एल्कोहल में घुलनशील एक्सट्रेक्टिव वैल्यू (**Alcohol Soluble Extractive Value**) – इस विधि के अंतर्गत वनोपज के नमूने का पाउड तैयार कर 2 ग्राम पाउडर लेकर 100 मि.ली जल एवं एल्कोहल के साथ 24 घंटे तक शेकर में रखते हैं। 24 घंटे के बाद इस विलयन को छानने हैं तद्पश्चात छने हुए विलयन से 10 मि.ली लेकर पैट्रीप्लेट में रखते हैं और इसे वाष्पीकृत करके पैट्रीप्लेट का वजन लेकर प्रतिशत मात्रा की गणना करते हैं।

2. जल में घुलनशील एक्सट्रेक्टिव वैल्यू – जल में घुलनशील सत्व की मात्रा एल्कोहल के स्थान पर क्लोरोफॉर्म एवं जल का उपयोग किया जाता है तथा छने हुए सत्व को पैट्रीप्लेट में डालकर 100ºC पर ओवन में रखकर वाष्पीकृत करते हैं और पैट्रीप्लेट सहित वाष्पीकृत सत्व का वजन लेकर प्रतिशत मात्रा की गणना करते हैं।

2.4 गुणवत्ता नियंत्रण प्रयोगशाला

गुणवत्ता नियंत्रण परीक्षण हेतु देश में NABL द्वारा मान्यताप्राप्त प्रयोगशालायें उपलब्ध हैं। अतः आवश्यकतानुसार गुणवत्ता परीक्षण का कार्य इन प्रयोगशालाओं से किया जा सकता है। सूची संलग्न है।

2.5 प्रजातिवार गुणवत्ता मानक

औषधी निर्माण करने हेतु इंडियन फार्मेकोपिया में प्रत्येक उपजवार गुणवत्ता मानक निर्धारित किया गया है, जिसका विवरण तालिका 5 में दिया गया है। इसके आधार पर यह निर्धारित किया जा सकेगा कि उपज का सैम्पल औषधी तैयार करने में उपयोग हेतु उपयुक्त है या नहीं।

तालिका 5. प्रजातिवार गुणवत्ता मानक

क्रं.	सामान्य नाम	उपयोगी भाग	वानस्पतिक नाम	आर्द्रता (अधिकतम % में)	बाह्य पदार्थ (% में)	ऐश की मात्रा (अधिकतम % में)	अम्ल में अघुलनशील ऐश की मात्रा (अधिकतम % में)	एक्स्ट्रैक्टिव वैल्यू	
								अल्कोहल में घुलनशील %)	जल में घुलनशील %
1	बेल	फल	*Aegle marmelos*	10.00	2.00	4.00	1.00	6.00	6.00
2	चिरौंजी	बीज	*Buchanania laæan*	5.00	2.00	4.00	0.50	10.00	7.00

3	अमल तास	गूदा	*Cassia fistula*	10.00	2.00	6.00	1.00	15.00	46.00
4	आवंला	फल	*Phyllanthus emblica*	10.00	3.00	7.00	2.00	40.00	50.00
5	महुआ	फूल	*Madhuca indica*	10.00	2.00	5.00	0.50	25.00	70.00
6	करंज	बीज	*Pongamia pinnata*	10.00	2.00	11.00	2.00	3.50	17.00
7	रीठा	फल	*Sapindus emarginatus*	10.00	2.00	14.00	75.00	26.00	16.00
8	भिलावा	फल	*Semecarpus anacardium*	10.00	1.00	4.00	0.50	11.00	5.00
9	इमली	फल	*Tamarindus indica*	10.00	1.00	4.00	0.50	46.00	59.00
10	बहेड़ा	कचरिया	*Terminalia bellirica*	10.00	2.00	7.00	1.00	8.00	35.00
11	पलाश	फूल	*Butea monosperma*	10.00	2.00	7.00	1.00	7.00	20.00
12	पलाश	बीज	*Butea monosperma*	10.00	1.00	7.00	0.50	9.00	25.00
13	आक	फूल	*Calatropis gigantea*	10.00	2.00	10.00	1.00	11.00	30.00
14	बाय बिडिंग	फल	*Embelia tsjerium-cottam*	10.00	2.00	3.40	0.45	10.00	9.00
15	इन्द्रजौ	बीज	*Halarrhena antidy-senterica*	10.00	2.00	8.00	3.00	12.00	-
16	निर्गुण्डी	पत्ता	*Vitex negundo*	10.00	2.00	8.00	1.00	10.00	20.00
17	अपामार्ग	पंचाग	*Achyranthes aspera*	10.00	2.00	17.00	5.00	2.00	12.00
18	बच	कंद	*Acorus calamus*	10.00	1.00	7.00	0.10	9.00	16.00
19	कालमेघ	पंचाग	*Andrographis paniculata*	10.00	2.00	15.00	37.00	8.00	20.00

20	पुनर्नवा	जड़	*Boerhavia diffusa*	10.00	2.00	10.00	0.80	4.00	10.00
21	मंडुक पर्णी	पत्ता	*Centella asiatica*	10.00	2.00	18.00	6.00	6.00	15.00
22	काली मूसली	कंद	*Curculigo orchioides*	10.00	2.00	9.00	2.00	3.00	17.00
23	भृंगराज	पंचाग	*Eclipta alba*	10.00	2.00	22.00	11.00	5.00	15.00
24	भुई आंवला	पंचाग	*Phyllanthus amarus*	10.00	2.00	8.00	5.00	-	13.00
25	मकोय	पंचाग	*Solanum nigrum*	10.00	2.00	16.00	7.00	4.00	15.00
26	गोक्षुर	फल	*Tribulus terresteris*	10.00	2.00	15.00	2.00	6.00	10.00
27	लाल गूंजा	बीज	*Abrus precatorius*	10.00	2.00	3.00	0.50	3.00	15.00
28	सतावर	कंद	*Asparagus racemosus*	10.00	1.00	5.00	0.50	10.00	45.00
29	माल कांगनी	बीज	*Celastrus paniculata*	10.00	2.00	6.00	1.50	20.00	9.00
30	हडजोड़	तना	*Cissus quadrangularis*	10.00	2.00	22.00	0.10	4.00	20.00
31	अनंतमूल	जड़	*Hemidesmus indicus*	10.00	2.00	4.00	0.50	15.00	13.00
32	गिलोय	तना	*Tinospora cordifolia*	10.00	2.00	16.00	3.00	3.00	11.00
33	नागर मोथा	जड़	*Cyperus rotundus*	10.00	2.00	8.00	4.00	5.00	11.00

बेल

(Aegle marmelos)

प्रजाति का नाम – बेल

स्थानीय नाम – बेल, बिल्व, श्रीफल

वानस्पतिक नाम – *Aegle marmelos* (L.) Correa

फेमिली नाम – Rutaceae (रूटेसी)

व्यापारिक नाम – बेल गिरी

उपयोगी भाग – फल

स्वभाव – वृक्ष

प्रमुख रासायनिक तत्व – इसके फलों में तथा छाल में पत्तियों में तत्व पाये जाते हैं।

उपयोग – अतिसार, आमातिसार (पेचिश) में फल गुदा (बेलगिरी) का प्रयोग, मधुमेह में हाइपोग्लायसिमिक के रूप में, एण्टीवायरल, एण्टीहेलमेन्थीक तथा अन्य पेट के रोगों में, खाद्य सामाग्री तथा अगरबत्ती उद्योग में किया जाता है।

पौधा विवरण – यह 25–30 फुट ऊँचे मध्यम आकार का वृक्ष है, इसकी पत्तियों में 3 या 5 पत्रक होते हैं, पत्तियों के कक्ष में 1 इंच के काँटे पाये जाते हैं। इसकी पत्तियाँ नींबू की पत्तियों के समान चिकनी एवं चमकदार दिखती है। फल बड़े, कठोर एवं गेंद के समान होता है। फल का गूदा नारंगी रंग का अत्यंत स्वादिष्ट एवं सुगंधित होता है

संग्रहण क्षेत्र – समस्त वन मंडल

संग्रहण काल – अप्रैल–जून

संग्रहण विधि –

1. जब फलों का रंग गहरे हरे से पीला नारंगी हो जाए, फल की यह अवस्था तोड़ने के लिए सबसे उपयुक्त होती है।
2. पेड़ या शाखाओं को काट कर फलों का संग्रहण न करें।
3. अधपके फल का संग्रहण अगरबत्ती उद्योग हेतु तथा अधपके से पूर्ण पके फलों का संग्रहण औषधीय उपयोग हेतु किया जाता है।
4. पेड़ के नीचे जाली बिछाकर तथा बांस में हुक फँसाकर फलों को तोड़ें।
5. वृक्ष में लगे 10 प्रतिशत फल को पुनरूत्पादन के लिए अवश्य छोड़ दें।

प्राथमिक उपचार – परिपक्व फल का उपचार

1. उबलते हुए पानी के पात्र पर ग्रेडिंग किए हुए परिपक्व बेल फल से भरी हुई टोकरी को रखकर उसे दूसरे पात्र से ढंक देवें। फलों का भाप में पकाने की इस प्रक्रिया में लगभग 25 से 40 मिनट का समय लगता है।
2. भाप में पके हुए फलों को ठंडा होने के पश्चात् फल के बाहरी कठोर आवरण को फोड कर गूदा को निकाल लेंवें।
3. गुदा से रेशे एवं बीज निकालकर चार बराबर भागों में विभाजित कर स्वच्छ सीन में साफ कपड़े पर पतली परत बनाकर हल्की धूप में 1 दिन तथा 5–6 दिन तक छाँव में सूखायें।
4. सूखने पर गूदा नारंगी पीला रंग का हो जाता है।

अधपके फल का उपचार

आधा पके फल को पानी में 10 मिनट तक उबालकर उपरी कठोर आवरण को तोड़ने से गूदा एवं छिल्का अलग हो जता है। इस प्रकार प्राप्त गूदा को चार बाराबर भाग में काटकर हल्की धूप में अच्छी तरह से सूखाये।

भंडारण

1. नारंगी पीले रंग के सूखे दाग रहित स्वच्छ गूदे को उच्च गुणवत्ता की पॉलीथीन बैग में भर कर नमी रहित हवादार एवं जमीन से ऊँचे स्थान में भंडारित करना चाहिये।
2. भंडारण के लिए कमरे का तापमान 15–25 डिग्री सेल्सियस और हवा में आर्द्रता 8–10 प्रतिशत से अधिक नहीं होना चाहिए।

बाजार मानक – औषधि उपयोग हेतु

1. नारंगी पीले रंग का चार बराबर भागों में कटा हुआ फल।
2. पूर्णतः धूल मिट्टी एवं नमी रहित साफ गूदा।

भंडारण काल – एक वर्ष तक।

बाजार मांग – बाजार माँग बहुत अधिक है।

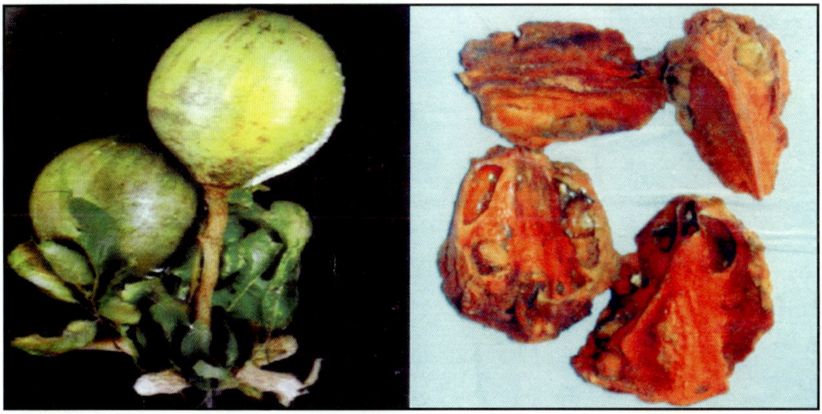

बेल *(Aegle marmelos)* (पेज 70)

चिरौंजी *(Buchanania lacean)* (पेज 73)

अमलतास *(Cassia fistula)* (पेज 76)

आंवला *(Phyllanthus emblica)* (पेज 78)

करंज *(Pongamia pinnata)* (पेज 81)

रीठा *(Sapindus emarginatus)* (पेज 83)

भिलवा *(Semecarpus anacardium)* (पेज 85)

इमली *(Tamarindus indica)* (पेज 87)

बहेड़ा *(Terminalia bellirica)* (पेज 90)

हर्रा *(Terminalia chebula)* (पेज 92)

पलाश *(Butea monosperma)* (पेज 94)

आक *(Calotropis gigantea)* (पेज 96)

बायबिडिंग *(Embelia tsjerium-cottam)* (पेज 98)

मरोड़फल्ली *(Helicteres isora)* (पेज 100)

इन्द्रजौ *(Holarrhena antidysenterica)* (पेज 102)

जट्रोफा *(Jatropha curcas)* (पेज 104)

कटेरी *(Solanum surattense)* (पेज 106)

निर्गुण्डी *(Vitex negundo)* (पेज 108)

धवई फूल *(Woodfordia fruticosa)* (पेज 110)

अपामार्ग *(Achyranthes aspera)* (पेज 112)

बच *(Acorus calamus)* (पेज 114)

कालमेघ *(Andrographis paniculata)* (पेज 116)

पुनर्नवा *(Boerhavia diffusa)* (पेज 118)

मंडुकपर्णी *(Centella asiatica)* (पेज 120)

सफेद मूसली *(Cholorophytum tuberosum)* (पेज 122)

काली मूसली *(Curculigo orchioides)* (पेज 124)

तिखुर *(Curcuma angustifolia)* (पेज 126)

सालपर्णी *(Desmodium gangeticum)* (पेज 129)

भृंगराज *(Eclipta alba)* (पेज 131)

वन तुलसी *(Ocimum gratissimum)* (पेज 133)

भुई आंवला *(Phyllanthus amarus)* (पेज 135)

मकोय *(Solanum nigrum)* (पेज 137)

सरफोंक *(Tephrosia purpurea)* (पेज 139)

गोक्षुर *(Tribulus terrestris)* (पेज 141)

वनजीरा *(Vernonia anthelmintica)* (पेज 143)

लाल गूंजा *(Abrus precatorius)* (पेज 145)

शिकाकाई *(Acacia sinuata)* (पेज 147)

सतावर *(Asparagus racemosus)* (पेज 149)

मालकांगनी *(Celastris paniculatus)* (पेज 151)

हडजोड़ *(Cissus quadrangularis)* (पेज 153)

गुड़मार *(Cymnema sylvestre)* (पेज 155)

अनंतमूल *(Hemidesmus indicus)* (पेज 157)

केवांच *(Mucuna pruriens)* (पेज 159)

बिदारी कंद *(Pueraria tuberosa)* (पेज 161)

बैचांदी *(Dioscorea hispida)* (पेज 163)

गिलोय *(Tinospora cordifolia)* (पेज 165)

माहुल पत्ता *(Bauhinia vahlii)* (पेज 168)

नागरमोथा *(Cyperus rotundus)* (पेज 170)

शहद *(Honey)* (पेज 172)

लाख *(Lac)* (पेज 175)

रूद्राक्ष *(Elaeocarpus jainitrus)* (पेज 178)

चिरौंजी

(Buchanania lacean)

प्रजाति का नाम – चिरौंजी

स्थानीय नाम – चार, चिरौंजी, रेका, आचार

वानस्पतिक नाम – *Buchanania lacean* (Spreng.)

फेमिली नाम – Anacardiaceae (एनाकार्डिएसी)

व्यापारिक नाम – चार गुठली

उपयोगी भाग – बीज

स्वभाव – वृक्ष

प्रमुख रासायनिक तत्व – इसमे Protein, Minerals, Calcium, Phosphours, Iron, Oxalic Acid, Magnesium, Sodium, Potassium, Copper, Sulphur, Chorine, Oil & Starch आदि तत्व पाये जाते हैं।

उपयोग – चिरौंजी बीज का उपयोग खाने के लिये, मिठाई बनाने में एवं सौंदर्य प्रसाधन सामग्री के रूप में किया जाता है। इसके तेल का उपयोग जैतून तेल के स्थान पर किया जाता है।

पौध विवरण – यह शुष्क वनों में पाया जाने वाला वृक्ष है। इसकी पत्तियाँ काजू की पत्तियों के समान दिखती है। फूल छोटे सफेद रंग के होते हैं। फल गोलाकार कत्थई/काले रंग का गूदेदार होता है। बीज कठोर आवरण से ढंका होता है।

संग्रहण क्षेत्र – बस्तर, बीजापुर, सुकमा, भानुप्रतापपुर, बिलासपुर, दंतेवाड़ा, रायगढ़, रायपुर, राजनांदगांव, कोरबा, कटघोरा वन मंडल।

संग्रहण काल – अप्रैल से मई

संग्रहण विधी

1. पके हुए गहरे कत्थई/काले रंग के फलों को वृक्ष से तोड़ें। अपरिपक्व फल को तोड़ने पर गुठली में दाना नहीं रहेगा।
2. वृक्ष के आस–पास के स्थान को साफ कर वृक्ष के नीचे एक साफ कपड़ा बिछाकर, डाली को हिलाकर या बांस की सहायता से फलों का संग्रहण करें, शाखाएँ काटकर नहीं।
3. 10 प्रतिशत फल को पुनरूत्पादन हेतु छोड़ें।

प्राथमिक उपचार

1. संग्रहित फलों को लोहे की जाली पर हल्के हाथों से रगड़ने पर अथवा गर्म पानी में डालने के बाद फल को हाथ से मसलकर गूदा अलग कर लें तथा गुठली को धूप में सूखावें।
2. गुठली को सूखाते वक्त ध्यान रखें ज्यादा मोटी परत न हों।
3. गुठली को उलट पलट कर पूरी तरह से सूखायें इसमें 5–6 दिन का समय लगता है।
4. चार गुठली पर हल्का प्रहार कर दाना निकाल सकते हैं। वर्तमान में मशीन के सहायता से चिरौंजी दाना तैयार किया जाता है। चूंकि इसके दाने बहुत जल्दी खराब होते हैं, अतः दाना निकालने के 30–40 दिन के भीतर भंडारित कर लेना चाहिए।
5. इस प्रकार प्राप्त गुठली को जूटबोरे में एवं चिरौंजी को प्लास्टिक बैग में भरकर कोल्ड स्टोरेज में भंडारित करें।

बाजार मानक

1. पूर्णतः सूखा एवं अपमिश्रण रहित।
2. 100 या 200 ग्राम गुठली सेम्पल निकालकर पानी में डाला जाता है। जितनी गुठली पूर्ण रूप से पानी में डूब जाती है, वह उत्तम गुणवत्ता की गुठली होती है।

भंडारण काल – एक वर्ष तक कोल्ड स्टोरेज में/एक माह तक सामान्य तापमान पर।

बाजार माँग – बाजार माँग अधिक है।

अमलतास
(Cassia fistula)

प्रजाति का नाम – अमलतास

स्थानीय नाम – अमलतास, रैला, धन बहार, सोनरली, भालू मूसरली

वानस्पतिक नाम – *Cassia fistula* (L.)

फेमिली नाम – फैबिसी

व्यापारिक नाम – अमलतास

उपयोगी भाग – फल गूदा

स्वभाव – वृक्ष

प्रमुख रासायनिक तत्व – इसमें Glucoside, Barbaloin, Aloin Formic Acid, Butyric acid, Sugars and Oxyanthraquinones तत्व पाये जाते हैं।

उपयोग – फल का गूदा जिसे कास्सिया–पल्प कहते हैं। यह प्रसिद्ध रेचक औषधि है। गूदा का उपयोग आमवात, संधिवात, शूल, कामला, मूत्रकृच्छ, कुष्ट, अरूचि, ज्वर आदि रोगों की औषधि वनाने में किया जाता है।

पौध विवरण – यह एक मध्यम ऊँचाई का वृक्ष होता है, इसके पत्ते संयुक्त होते हैं। पुष्प मंजरी लम्बी और नीचे लटकी रहती है जिस पर पीले रंग के फूल गुच्छों में लगे होते हैं। फली 1–2 फुट लंबी, बेलनाकार, कठोर आगे से नुकीली, 1 इंच व्यास की, कच्ची अवस्था में हरी एवं पकने पर काली हो जाती है।

संग्रहण क्षेत्र – बस्तर, बिलासपुर, दंतेवाड़ा, दुर्ग, कोरबा, महासमुंद, रायगढ़, बीजापुर, रायपुर, राजनांदगांव, सरगुजा वन मंडल।

संग्रहण काल – मई–जून

संग्रहण विधि

1 मई–जून माह में फली परिपक्व हो कर काले रंग की हो जाती है, इस समय फल्लियाँ अपने आप गिर जाती है। या फलियों को सावधानीपूर्वक बांस में हुक लगा कर तोड़ लेवें।

2. 10 प्रतिशत फल को पुनरूत्पादन हेतु छोड़ देवें।

प्राथमिक उपचार

1. फलियों को हल्के प्रहार के साथ फोड़ लेवें।
2. फोड़ने के बाद प्राप्त गूदे को सफाई से अलग कर स्वच्छ कपड़े पर रखकर छूप में अच्छी प्रकार से सुखायें। धूल मिट्टी वाले स्थान पर न सुखायें।
3. ध्यान रखें कि सूखने पर गूदा से चिपचिपापन दूर हो जावें।
4. इसके पश्चात् गूदे को उच्च गुणवत्ता के पॉलीथीन बैग में भरकर स्वच्छ, नमी रहित, सामान्य तापमान वाले कमरे में रखें।

बजार मानक

1. कत्थई काले रंग का गूदा।
2. चिपचिपा रहित।
3. मिलावट रहित एवं स्वच्छ।
4. नमी 10 प्रतिशत से कम।

भंडारण काल – इस फल गूदा को 3 माह से अधिक भंडारित नहीं किया जा सकता है। इससे ज्यादा आवश्यक हो तो इसे कोल्ड स्टोरेज में भंडारित करना चाहिए।

बाजार माँग – बाजार माँग कम है।

आंवला

(Phyllanthus emblica)

प्रजाति का नाम – आंवला

स्थानीय नाम – आंवला, औरा, आमलिकी

वानस्पतिक नाम – *Phyllanthus emblica* (L.)

फेमिली नाम – Euphorbiaceae (यूफोरबिएसी)

व्यापारिक नाम – आंवला

उपयोगी भाग – फल

स्वभाव – वृक्ष

प्रमुख रासायनिक तत्व – इसमें Amino Acids, Alanine, Aspartic Acid, Glutamic Acid, Lysine & Proline, Fibre, Minerals, Vitamin-C, Ascorbic Acid प्रचुर मात्रा में पाये जाते हैं।

उपयोग – इसका फल आयुर्वेद की सुप्रसिद्ध औषधी त्रिफला का मुख्य घटक है। इसका उपयोग च्यवनप्राश जैसे महत्वपूर्ण आयुर्वेदिक उत्पादों के निर्माण में किया जाता है। अरूचि, यकृत विकार, अम्लपित्त, उदररोग, रक्तपित्त, यक्ष्मा, प्रदर, शुक्रमेह, दौर्बल्य, क्षय आदि रोगों में उपयोग किया जाता है

पौध विवरण – आंवले का वृक्ष मध्यम आकार का व पतझड़ी होता है। इसके पत्ते बहुत छोटे 10–13 मिमी लंबे, 2–3 मिमी. चौड़े, बहुत पास–पास लगे होते हैं, इस कारण शाखाएं पंख जैसी दिखती है। फल 1.5–2.5 सेमी व्यास के हरे, गोल, रसदार व चिकने होते हैं। फल की ऊपरी सतह छः बराबर भागों में पतली

रेखा से विभाजित होती है। फल अत्यंत खट्टे व कसैले होते हैं।

संग्रहण क्षेत्र – जगदलपुर, दंतेवाड़ा, सुकमा, बीजापुर, पूर्व भानुप्रतापपुर, पश्चिम भानुप्रतापपुर, उत्तर कोण्डागांव, दक्षिण कोण्डागांव, नारायणपुर, धमतरी, पूर्व रायपुर, उदती, राजनांदगांव, खैरागढ़, कवर्धा, बिलासपुर, मरवाही, कटघोरा, पूर्व सरगुजा, दक्षिण सरगुजा, कोरिया, मनेन्द्रगढ़ वन मंडल।

संग्रहण काल – अक्टूबर– जनवरी।

संग्रहण विधि

1. आंवला फल परिपक्व स्थिति में हरे से पीले रंग का होता है। फल की यह अवस्था संग्रहण के लिये सबसे उपयुक्त है।
2. फलों को पेड़ के नीचे साफ कपड़ा बिछाकर बांस की डंडी में हुक फसाकर या वृक्ष की शाखाओं को हिलाकर तोड़ें।
3. वृक्ष एवं वृक्ष की शाखाओं को न काटें तथा कच्चे फलों को न तोड़ें।
4. प्रति वृख 10–20 प्रतिशत फल पुनरूत्पादन हेतु छोड़कर संग्रहण करें।
5. ताजे फलों तथा खराब फलों को आपस में न मिलाये।

प्राथमिक उपचार

1. फल संग्रहण के 48 घण्टे के भीतर प्राथमिक उपचार अवश्य रूप से प्रारंभ कर देवें।
2. ग्रेडिंग किये हुए फलों को धोने के बाद बांस की टोकरी में रखकर उबलते हुए पानी के बर्तन पर रखकर टोकरी के मुँह को कपड़े से अच्छी तरह से बांध देवें। विधि से फलों को भाप में 5–10 मिनट तक पकायें।
3. फल से बीज एवं रेशे को हाथों से दबाकर अलग कर लेवें। इस तरह गूदा युक्त फलक बहुत आसानी से अलग–अलग हो जाते हैं।

4. इन गूदा युक्त फलकों को स्वच्छ स्थान में साफ कपड़े में पतली परत बनाकर हल्की धूप में 1 दिन तथा 5–6 दिन तक छाँव में सूखाये।
5. सूखने पर फल का रंग हल्के भूरे या तांबे रंग का हो जाता है।

भंडारण

1. भंडारण करने के लिए फलों मे 5–8 से ज्यादा नमी नहीं होनी चाहिए। सूखे फलो को स्वच्छ जूट बैग में, हवादार एवं नमी रहित स्थान में भंडारित करें।

बजार मानक

1. हल्के भूरे रंग के बीज रहित स्वच्छ कलियाँ (बीज की मात्रा अधिकतम 1 प्रतिशत)।
2. फंगस रहित एवं नमी 8 प्रतिशत से कम।
3. मिलावट रहित।

भंडारण काल – अधिकतम एक वर्ष।

बाजार माँग – बाजार माँग अत्यधिक है।

करंज

(Pongamia pinnata)

प्रजाति का नाम – करंज

स्थानीय नाम – करंज

वानस्पतिक नाम – *Pongamia pinnata* (L.) Pierre.

फेमिली नाम – Leguminoseae (लेग्यूमिनोसी)

व्यापारिक नाम – करंज

उपयोगी भाग – बीज

स्वभाव – वृक्ष

प्रमुख रासायनिक तत्व – इसमें Pongaglabrone, Diaketonepongamol, Glabrin, Karanjin, Pongapin, Kanjone आदि तत्व पाये जाते है।

उपयोग – इसके बीज से तेल निकाला जाता है। इसका उपयोग औषधी, साबुन बनाने तथा बायोडीजल तैयार करने किया जाता है।

पौध विवरण – करंज बहुतायत से सड़क या नाले के किनारे पाया जाने वाला मध्यम ऊँचाई का वृक्ष है। इसकी पत्तियों अंडाकार, गहरे हरे रंग की, चमकदार, संयुक्त एवं चिकनी होती है। अप्रैल मई के महीनों में इस पर हल्के गुलाबी रंग लिये सफेद फूल गुच्छों में लगे होते हैं। फल्लियां चपटी मध्यम आकार की होती है, जिस पर एक बीज पाया जाता है।

संग्रहण क्षेत्र – जगदलपुर, उत्तर कोण्डागांव, दक्षिण कोण्डागांव, नारायणपुर, धमतरी, बिलासपुर, मरवाही, धरमजयगढ़, पूर्व

सरगुजा, मनेन्द्रगढ़, जशपुर, बस्तर, दंतेवाड़ा, दुर्ग, कोरबा, महासमुंद रायगढ़, रायपुर, राजनांदगांव वन मंडल

संग्रहण काल – अप्रैल–मई

संग्रहण विधि –

1. परिपक्व फली का रंग सख्त लकड़ी के समान भूरे रंग का हो जाता है।
2. इस समय फलियों को बांस की सहायता से तोड़ लेवें।
3. संग्रहण के समय वृक्ष को नुकसान न पहुचायें।
4. 10 प्रतिशत फलियों को पुनरूत्पादन हेतु छोड़ें।

प्राथमिक उपचार

1. परिपक्व बीज का रंग कत्थई लाल रंग का होता है।
2. पूर्ण परिपक्व स्वस्थ बीजों के ऊपरी आवरण को पत्थर से तोड़ कर अलग कर लेवें।
3. सूखने के बाद बीजों को प्लास्टिक बोरी में भर कर नमी रहित स्थानों में रखें।
4. करंज बीज से आईल एक्सपेलर या सॉलवेंट एक्स्ट्रकशन प्लांट से तेल किया जा सकता है। बायोडीजल प्लांट से बायोडीजल बनाया जा सकता है।

बाजार मानक

1. लाल कत्थई रंग का पूर्णतः परिपक्व स्वस्थ बीज।
2. नमी रहित।

भंडारण का – एक वर्ष।

बाजार माँग – बाजार माँग अधिक है।

रीठा

(Sapindus emarginatus)

प्रजाति का नाम – रीठा

स्थानीय नाम – रीठा

वानस्पतिक नाम – *Sapindus emarginatus* (Vahl.)

फेमिली नाम – Sapindaceae (सेम्पिडियेसी)

व्यापारिक नाम – रीठा, सोप नट

उपयोगी नाम – सुखा फल

स्वभाव – वृक्ष

उपयोग – रीठा के फल का उपयोग शैम्पू तथा बाल धोने का साबुन आदि बनाने में किया जाता है। यह शोथहर, वेदनास्थापन, उदरविकार, कृमिरोग तथा वात व्याधि में उपयोगी है।

प्रमुख रासायनिक तत्व – इसमें Saponins-Sapindoside A and Sapindoside B, Nuts Contain Kaempferol, Quercetin and B- Sitosterol तत्व पाये जाते है।

पौध विवरण – मिश्रित शुष्क वनों में गांवो के आस पास पाये जाते हैं, इसकी पत्तियाँ गोलाकार होती है तथा फल पत्तियों के शीर्ष पर लगे होते हैं। फल कन्चे के माप के गोल होते हैं।

संग्रहण क्षेत्र – सुकमा, बस्तर वन मंडल।

संग्रहण काल – फरवरी – अप्रैल।

संग्रहण विधि

1. परिपक्व फल हल्के भूरे से कत्थई भूरे रंग का झुर्रीदार एवं चमकीला दिखाई देता है।

2. परिपक्व फलों को बांस की डन्डी से तोड़कर संग्रहित करें।
3. पेड़ या शाखा को काट कर फलों का संग्रहण न करें।
4. पुनरूत्पादन हेतु 10–40% फलों को छोड़कर संग्रहण करें।

प्राथमिक उपचार

1. फलों को स्वच्छ स्थान पर फैलाकर तेज धूप में सूखायें।
2. ध्यान रखें फल पूरी तरह सूखें हुए हों।
3. संग्रहित किये गये फल/छिलका को उच्च गुणवत्ता की मोटी पॉलीथीन बैग में भर कर भंडारित करें।
4. बीज निकालने के लिए सामान्यतः सूखे फल पर हल्के प्रहार कर या मशीन द्वारा निकाला जा सकता है।

बाजार मानक

1. काले रंग का फल।
2. शुद्ध सूखा हुआ अपमिश्रण रहित फल (फल को हिलाने से बीज की आवाज आनी चाहिए)।

भंडारण काल – एक वर्ष।

बाजार माँग – बाजार माँग बहुत अधिक है।

भिलवा

(*Semecarpus anacardium*)

प्रजाति का नाम – भिलवा

स्थानीय नाम – भेलवा, कोहका

वानस्पतिक नाम – *Semecarpus anacardium* (L.)

फेमिली नाम – Anacardiaceae (एनाकार्डियेसी)

व्यापारिक नाम – भिलवा

उपयोगी भाग – फल

स्वभाव – वृक्ष

प्रमुख रासायनिक तत्व – इसमें Anacardic Acid, Cardol, Catechol, Anacardol and Fixed Oil; Semicarpol, Bhilawanol तत्व पाये जाते हैं।

उपयोग – भिलवा फल का उपयोग लीवर टॉनिक बनाने में होता है। यह पाचक, एंटीसेप्टिक, वात एवं कफ, साईटिका तथा त्वचा से संबंधित बीमारियों में उपयोग किया जाता है।

पौध विवरण – वृक्ष लगभग 25–40 फुट ऊँचा होता है पत्तियां शाखाओं के अग्र भाग में समूह में आयताकार होती है पुष्प पत्तियों के बराबर लंबी शाखा युक्त हरे रंग की होती है। फल एक इंच लंबे ह्रदयाकार चिकने चमकीले होते हैं पकने पर काले रंग के हो जाते हैं।

संग्रहण क्षेत्र – बस्तर, बिलासपुर, दंतेवाड़ा, धमतरी, दुर्ग, कोरबा, रायगढ़, रायपुर, राजनांदगांव, सरगुजा, कोण्डागांव, नारायणपुर वन मंडल।

संग्रहण काल – दिसंबर–मार्च

संग्रहण विधि

1. जब फल पूरी तरह से परिपक्व होकर कत्थई काले रंग का हो जाये, तब संग्रहण करें।
2. संग्रहित फल में से नारंगी लाल रंग के आधार भाग को अलग कर बीज प्राप्त करें।
3. पुनरूत्पादन हेतु प्रति वृक्ष 10% फलों को छोड़ कर फलों का संग्रहण करें।

प्राथमिक उपचार

1. संग्रहित फलों से अवांछनीय डंठल पत्तियों को निकालकर 5–6 दिन तक धूप में सूखायें।
2. फल पूरी तरह से सूख कर कठोर हो जाने के पश्चात् जूट बोरी में भरकर नमी रहित स्थान पर भंडारित करें।

बाजार मानक

1. कत्थई काले रंग का।
2. सूखा परिपक्व फल।

भंडारण काल – एक वर्ष।

बाजार माँग – बाजार माँग मध्यम है।

इमली

(Tamarindus indica)

प्रजाति का नाम – इमली

स्थानीय नाम – इमली

वानस्पतिक नाम – *Tamarindus indica* (L.)

फेमिली नाम – Leguminoseae (लेग्यूमिनोसी)

व्यापारिक नाम – इमली

उपयोगी भाग – फल

स्वभाव – वृक्ष

प्रमुख रासायनिक तत्व – इसमे Tartaric Acid, Citric Acid, Maleic Acid and Potassium bitartarate, Oxalic Acid तत्व पाये जाते हैं।

उपयोग – खाद्य पदार्थों में स्वाद बढ़ाने के लिए उपयोग किया जाता है।

पौध विवरण – सामान्यतः इमली का वृक्ष सभी जगह पाया जाता है। इसके वृक्ष ऊँचे एवं बहुत घने होते हैं। पत्तियाँ एवं फल खट्टे होते हैं।

संग्रहण क्षेत्र – कोण्डागांव, नारायणपुर, बस्तर, दंतेवाड़ा, सुकमा, बीजापुर, उदंती, सरगुजा वन मंडल।

संग्रहण काल – मार्च–अप्रैल

संग्रहण विधि –

1. उत्तम गुणवत्ता की इमली का संग्रहण मार्च से अप्रैल माह के बीच करना चाहिए।

2. इमली तोड़ने के लिए लम्बे बांस की हुक लगी डंडी का उपयोग किया जाना चाहिये।
3. वृक्ष के नीचे चटाई या बोरा आदि बिछाकर फलों को तोड़े।
4. संग्रहण के समय वृक्ष को क्षति न पहुंचायें।

प्राथमिक उपचार

1. संग्रहण के बाद साफ स्थान पर चटाई डाल कर धूप में फलों को सूखायें तथा रात में अंदर कर लेवें या पॉलीथीन से ढंक देवें।
2. पूरी तरह सूखने के बाद फल से छिल्का रेशा एवं बीज अलग कर बांस टोकरियों में रखें।
3. इमली से फूल बनाने के बाद उत्पाद में बीज एवं रेशे आदि कुछ भी नहीं होना चाहिए।
4. आटी इमली या फूल इमली के साथ किसी प्रकार की मिट्टी या मिलावट न होने दें।
5. इमली बीज को भी सूखे, स्वच्छ स्थान पर रखें अन्यथा उसमें घुन लग सकता है
6. इमली का रंग बहुत जल्दी बदलता है। अतः संग्रहण के उपरांत एक सप्ताह के भीतर इसको उचित स्थान पर भंडारित करें। 10–12 दिन के भीतर कोल्ड स्टोरेज में ले जाएं।
7. इसे उच्च गुणवत्ता के पॉलीथीन बैग में भरकर कोल्ड स्टोरेज में भंडारित करें।
8. अतिरिक्त आय प्राप्त करने के लिये आटी इमली से रेशा एवं बीज निकालकर, फूल इमली तैयार करें।
9. इमली फल को मशीन से प्रेसकर पैकेट (1 kg, 1/2 kg, 200 gm) तैयार कर बिक्री की जाती है।

बाजार मानक –

प्रथम ग्रेड – नारंगी लाल रंग की नमी रहित लम्बी रेशा एवं बीज रहित गूदेदार इमली।

द्वितीय ग्रेड – गहरे कत्थई लाल रंग की नमी रहित छोटी इमली–बीज रहित।

क्र.सं.	मापदण्ड	गुणवत्ता श्रेणी		
		उच्च गुणवत्ता (%)	ए ग्रेड (%)	बी ग्रेड (%)
1	बीज	35	40	45
2	रेशा	6.0	8.0	10.0
3	छिलका	3.0	4.0	6.0
4	कीट संक्रमित	2.0	3.0	5.0
5	नमी	15.0	20.0	25.0

भंडारण काल – अधिकतम 6 माह एवं कोल्ड स्टोरेज में 1 से 2 वर्ष

बाजार माँग – बाजार माँग बहुत अधिक है।

बहेड़ा

(Terminalia bellirica)

प्रजाति का नाम – बहेड़ा

स्थानीय नाम – बहेड़ा, टंका

वानस्पतिक नाम – *Terminalia bellirica* (Gaertn.) Roxb.

फेमिली नाम – Combretaceae (क्रोम्ब्रेटेसी)

व्यापारिक नाम – बहेड़ा कचरिया

उपयोगी भाग – फल का छिल्का

स्वभाव – वृक्ष

प्रमुख रासायनिक तत्व – इसमें Tannin, β-Sitosterol, Gallic Acid, Ellagic Acid, Ethyl Galate, Galloyl Glucose and Chebulagic Acid आदि तत्व पाये जाते हैं।

उपयोग – फल के छिलके का उपयोग आयुर्वेद की सुप्रसिद्ध औषधी त्रिफला बनाने में होता है। यह प्रमेह, नेत्र रोग, खाँसी सर्दी एवं कब्ज में विशेष उपयोगी है।

पौध विवरण – बहेड़ा एक सीधे तने वाला सुन्दर वृक्ष है जो कि, शुष्क कटिबंधीय वनों में पाया जाता है। पत्तियों 10–25 से.मी. लंबे एवं प्रायः शाखाओं के शीर्ष पर लगे होते हैं। फूल छोटे, कलई रंग के पतली स्पाइकों में लगते हैं। इसमें 2–3 सेंटीमीटर व्यास के पंचकोणीय आकार की धारियों से युक्त अंडाकार फल पाये जाते हैं।

संग्रहण क्षेत्र – जगदलपुर, कांकेर, पूर्व भानुप्रतापपुर, उत्तर कोण्डागांव, दक्षिण कोण्डागांव, नारायणपुर, धमतरी, रायपुर, पूर्व

रायपुर, उदंती, महासमुंद, राजनांदगांव, खैरागढ़, बिलासपुर, कोरबा, धरमजयगढ़, उत्तर सरगुजा, पूर्व सरगुजा, कोरिया, मनेन्द्रगढ़ वन मंडल।

संग्रहण काल – दिसम्बर से जनवरी।

संग्रहण विधि

1. फल पककर पीले मटमैले रंग का हो जाए तब संग्रहण करना उपयुक्त होता है।
2. पेड़ के नीचे साफ कपड़ा बिछाकर लम्बे बाँस की सहायता से फलों का संग्रहण करना चाहिए।
3. शाखाओं को न काटें तथा पुनरूत्पादन हेतु 10–30 प्रतिशत फल प्रति वृक्ष छोड़कर फलों का संग्रहण करें।

प्राथमिक उपचार

1. एकत्रित किए हुए फलों को साफ–स्थान पर 2–3 दिनों तक धूप में सूखायें।
2. 2–3 दिनों तक धूप में सूखाने के बाद फल के उपरी कठोर आवरण को अलग कर बीज निकाल लेवें तत्पश्चात् छांव में अच्छी तरह से सूखायें।

भंडारण – सूखाने के बाद बीज रहित बाहरी आवरण या गूदे को पॉलीथीन लाइन जूट के बोरों मे भरकर रखा जाना चाहिये।

बाजार मानक

1. दो टुकड़े में बीज रहित हल्के पीले भूरे रंग के फल का छिल्का (बीज की मात्रा अधिकतम 1%)।
2. फंगस, कंकड़ पत्थर एवं नमी रहित (10% से कम)।

भंडारण काल – 1 से 2 वर्ष

बाजार माँग – बाजार माँग बहुत अधिक है।

हर्रा

(Terminalia chebula)

प्रजाति का नाम – हर्रा

स्थानीय नाम – हर्रा

वानस्पतिक नाम – *Terminalia chebula* Retz.

फेमिली नाम – Combretaceae (क्रोम्ब्रेटेसी)

व्यापारिक नाम – हर्रा कचरिया

उपयोगी भाग – फल का छिल्का

स्वभाव – वृक्ष

प्रमुख रासायनिक तत्व – इसमें Tannin, Chebulagic Acid, Chebuinic Acid, Corilagin, Sugar, Ammino Acid आदि तत्व पाये जाते है।

उपयोग – फल के छिलके का उपयोग आयुर्वेद की सुप्रसिद्ध औषधी त्रिफला बनाने में होता है। यह प्रमेह, नेत्र रोग, खांसी, सर्दी एवं कब्ज में विशेष उपयोगी है।

पौध विवरण – हर्रा 40–80 फीट का वृक्ष होता है। इसकी पत्तियाँ 3–8 इंच लंबी, 2–4 इंच चौड़ी अंडाकार होती है। फूल छोटे, क्रीम रंग के मंजरियो में लगते है। 1–2 इंच लंबा अंडाकार पंचकोणीय कठोर फल होता है।

संग्रहण क्षेत्र – जगदलपुर, कांकेर, पूर्व भानुप्रतापपुर, उत्तर कोण्डागांव, दक्षिण कोण्डागांव, नारायणपुर, धमतरी, रायपुर, पूर्व रायपुर, उदंती, महासमुंद, राजनांदगांव, खैरागढ़, बिलासपुर,

कोरबा, धरमजयगढ़, उत्तर सरगुजा, पूर्व सरगुजा, कोरिया, मनेन्द्रगढ़ वन मंडल।

संग्रहण काल – जनवरी से अप्रैल

संग्रहण विधि

1. फल पककर पीले मटमैले रंग का हो जाए तब संग्रहण करना उपयुक्त होता है।
2. पेड़ के नीचे सफाई कर या कपड़ा बिछाकर लम्बे बांस की सहायता से फलों का संग्रहण करना चाहिए।
3. शाखाओं को न काटें तथा पुनरूत्पादन हेतु 10–30 प्रतिशत फल प्रति वृक्ष छोड़कर संग्रहण करें।
4. फल आने की प्रारंभिक अवस्था में वृक्ष के नीचे गिरे हुए अपरिपक्व कच्चे छोटे फलो को बाल हर्रा के रूप में संग्रहित कर सकते हैं।

प्राथमिक उपचार

1 एकत्रित किए हुए फलों को साफ–स्थान पर फैलाकर छायादार स्थान में सूखायें।

2. लगभग 30–40 दिनों में फल सूख जाते हैं। पूरी तरह से सूखे फल के ऊपरी कठोर आवरण को अलग कर बीज निकाल लेवें तत्पश्चात् छांव में अच्छी तरह सुखायें।

भंडारण – सूखे बीज रहित बाहरी आवरण या गूदे को पॉलीथीन लाइन जूट के बोरों में भरकर रखा जाना चाहिये।

बाजार मानक

1. बीज रहित स्वच्छ फल (बीज की मात्रा अधिकतम 1%)।
2. फंगस, कंकड़ पत्थर एवं नमी रहित (10% से कम)।

भंडारण काल – 1 से 2 वर्ष।

बाजार माँग – बाजार माँग बहुत अधिक है।

पलाश

(Butea monosperma)

प्रजाति का नाम – पलाश

स्थानीय नाम – पलाश, ढाक, टेशू

वानस्पतिक नाम – *Butea monosperma* (Lam.)

फेमिली नाम – Leguminoseae (लेग्यूमिनोसी)

व्यापारिक नाम – पलाश, टेशू

उपयोगी भाग – फल, बीज

स्वभाव – वृक्ष

प्रमुख रासायनिक तत्व – इसमें Crude Protein, Fibre, Minerals, Calcium and Phosphorus आदि तत्व पाये जाते हैं।

उपयोग – इसके फूलों से रंग तैयार किया जाता है, बीज का उपयोग वात एवं पित्त रोगों में किया जाता है।

पौध विवरण – यह मध्यम आकार का बहुशाखीय वृक्ष है। मार्च–अप्रैल माह में पत्तियां झड़ जाती हैं एक वृन्त पर तीन पत्तियाँ पायी जाती है। फूल चमकीले नारंगी लाल रंग के होते हैं। बीज चपटे लाल भूरे रंग का होता है।

संग्रहण क्षेत्र – बस्तर, बिलासपुर, दंतेवाड़ा, दुर्ग, कोरबा, रायगढ़, रायपुर, राजनांदगांव, सरगुजा वन मंडल।

संग्रहण काल – **पुष्प** – मार्च–अप्रैल

बीज – मई–जून

संग्रहण विधि

1. मार्च–अप्रैल माह में चमकीले नारंगी रंग के पुष्प स्वतः जमीन पर गिर जाए तब फूलों का चुनकर संग्रहित करें।
2. संग्रहित फलों को बांस की टोकरी में रखना चाहिए।
3. मखमली भूरे रंग के फल्ली का संग्रहण मई–जून माह में करना चाहिए, संग्रहित फलियों को तोड़कर भूरे रंग के बीज को एकत्रित करें
4. संग्रहण करते समय वृक्ष को किसी भी प्रकार की हानि न पहुचायें।
5. 20% फली को छोड़कर शेष फलियों को तोड़कर संग्रहण करें।

प्राथमिक उपचार

1 एकत्रित किए हुए फूलों से खराब फूलों को अलग कर लेवें।
2. तत्पश्चात् साफ कपड़े में फैलाकर छांव में सूखावें।
3. ध्यान रखे फूल में थोड़ी भी नमी होने से फंगस लग कर लाल से काला पड़ जाता है। अतः फूलों को अच्छी तरह से साफ स्थान पर आधी धूप – आधी छाँव में सुखायें, सुखाने के बाद फूलों को उच्च गुणवत्ता के पॉलीथीन बैग में भरकर भंडारित करें।
4. फली से बीज को अलग कर धूप में 2–3 दिन सुखा लेवें।
5. सूखाने के बाद बीज को जूट बोरी में भरकर नमी रहित स्थान पर भंडारित करें।

बाजार मानक – फूल – चमकीले नारंगी रंग का पूर्णतः सूखा अपमिश्रण रहित।

बीज – भूरे रंग का स्वस्थ पूर्णतः सूखा बीज।

भंडारण – फूल – 6 माह

बीज – 1 से 2 वर्ष

बाजार मांग – बाजार माँग अधिक है।

आक
(Calotropis gigantea)

प्रजाति का नाम – आक

स्थानीय नाम – फूडहर, अकवन, जीलूडी, मदार

वानस्पतिक नाम – *Calotropis gigantea* (L.)

फेमिली नाम – Asclepiadeceae (एक्जलपियोडेसी)

व्यापारिक नाम – आक

उपयोगी भाग – फूल

स्वभाव – झाड़ी

प्रमुख रासायनिक तत्व – इसमें Cardiac Glycosides, Calotropin, Uscharin, Calotoxin, Calactin and Uscharidin; Gigantin तत्व पाये जाते हैं।

उपयोग – आक के सफेद फूलों का उपयोग दांत दर्ज, अजीर्ण, कृमि, उदर रोग, काश, श्वास, चर्मरोग में किया जाता है।

पौध विवरण – आक का पौधा सामान्यतः सड़क के किनारे, खेले स्थानों पर पाया जाता है। इसका पौधा 2 से 2.5 मीटर ऊँचा शाखित होता है। पूरे पौधे पर सफेद छोटे–छोटे रोम पाये जाते हैं। पत्तियाँ गोल मखमली होती है। तने के शीर्ष पर पुष्प लंबे वृन्त में पुष्प गुच्छों में लगे होते हैं। फल 2–3 इंच लंबे, 1–2 इंच चौड़े, अंडाकार, बीच में कुछ मुड़े हुये होते हैं, जो तोते की चांच जैसी लगती है। दो फल साथ में लगते हैं तथा फटने वाले होते हैं। पौधे के किसी भी भाग को तोड़ने पर दूध निकलता है।

संग्रहण क्षेत्र – बिलासपुर, दंतेवाड़ा, धमतरी, दुर्ग, कोरबा, रायगढ़, रायपुर, बस्तर, कांकेर वन मंडल।

संग्रहण काल – फरवरी–अप्रैल

बीज –मई–जून

संग्रहण विधि

1. फरवरी–अप्रैल माह में फूल पूरी तरह से खिल जायें तब इसका संग्रहण करें।
2. 10% फूलों को छोड़कर संग्रहण कर लेवें।

प्राथमिक उपचार

1. फूलों को एकत्रित करने के बाद अवांछनीय पदार्थ को अलग कर लेवें।
2. इसे स्वच्छ कपड़े में फैलाकर छाया में सूखा लें।
3. छाँव में सूखाने के बाद 1 से 2 दिन तक हल्की धूप में सूखायें।
4. सूखे फूलों को उच्च गुणवत्ता के पॉलीथीन बैग में भरकर सूखें स्थान पर भंडारित करें।

बाजार मानक

1. सफेद रंग का स्वच्छ एवं मिलावट रहित पूर्णतः सूखा (10% से कम नमी)।

भंडारण – 6 माह।

बाजार माँग – बाजार माँग कम है।

बायबिडिंग

(Embelia tsjerium-cottam)

प्रजाति का नाम – बायबिडिंग

स्थानीय नाम – बायबिरंग, दुल्ली

वानस्पतिक नाम – *Embelia tsjerium-cottam* DC.

फेमिली नाम – Myrsinaceae (मिर्सिनेसी)

व्यापारिक नाम – बायबिडिंग

उपयोगी भाग – फल

स्वभाव – झाड़ी

प्रमुख रासायनिक तत्व – इसमें Embelin, Tannin, Embelic Acid, Volatile oil आदि तत्व पाये जाते हैं।

उपयोग – बायबिडिंग के सूखे फल कृमिरोगों में विशेषकर टेपवर्म नामक कृमियों से संबंधित रोग की चिकित्सा में काम आते हैं। साथ ही इसमें कीटाणुनाशक एवं क्षय रोगनाशक गुण भी पायें जाते हैं।

पौध विवरण – यह घने जंगलो में पायी जाने वाली लगभग 3 से 6 फीट ऊंची झाड़ी है। पत्तियाँ 12 सेमी. लम्बी, संकरी होती है तथा पत्तियों का निचला सिरा लाल रंग का होता है। परिपक्व फल लाल रंग के गोल, छोटे, रसदार तथा सूखने पर काले रंग के काली मिर्च के समान एवं कठोर हो जाते हैं।

संग्रहण क्षेत्र – जगदलपुर, दंतेवाड़ा, सुकमा, कांकेर, पूर्व भानुप्रतापपुर, उत्तर कोण्डागांव, दक्षिण कोण्डागांव, नारायणपुर,

धमतरी, पूर्व रायपुर, उदंती, बिलासपुर, मरवाही, धरमजयगढ़, कोरिया, मनेन्द्रगढ़, जशपुर वन मंडल।

संग्रहण काल – नवम्बर–दिसंबर

संग्रहण विधि

1. संग्रहण के लिये 80% पके फल वाले पौधों का चयन करें।
2. परिपक्व फल लाल रंग से भूरे काले रंग का हो जाये तब हाथों से तोड़ कर संग्रहित कर लेवें तथा नीचे गिरे हुए फलों को न उठावें।
3. झाड़ी से फलों को इस तरह तोड़ें कि शाखा को कोई क्षति न पहुंचे।
4. पुनरूत्पादन हेतु 10–30 प्रतिशत फल छोड़ देवे।

प्राथमिक उपचार

1. संग्रहण के बाद फल के साथ अपमिश्रण पत्तियाँ, शाखाएं, छोटी लकड़ी आदि अलग कर लेवें।
2. फलों को साफ कर स्वच्छ स्थान में कपड़े पर फैला कर हल्की धूप में 2–3 दिन तक अच्छी तरह से उलट–पलट कर सूखावें। लगभग 8–10 दिन में बीज सूख जाते हैं।

भंडारण – सूखे हुए फलों को जूट बैग में भरकर नमी रहित स्थान पर भंडारित करें।

बाजार मानक –

1. भूरे काले रंग का सूखा फल।
2. नमी रहित (10% से कम)।

भंडारण काल – 1–2 वर्ष।

बाजार मांग – बाजार माँग अधिक है।

मरोड़फल्ली

(*Helicteres isora*)

प्रजाति का नाम – मरोड़फल्ली

स्थानीय नाम – ऐंठी, मरोड़फल्ली, अटान

वानस्पतिक नाम – *Helicteres isora* (L.)

फेमिली नाम – Sterculiaceae (स्टरकुलियेसी)

व्यापारिक नाम – मरोड़फल्ली

उपयोगी भाग – फल

स्वभाव – झाड़ी

प्रमुख रासायनिक तत्व – इसमें Phytosterol, A Hydroxy-Carboxylic Acid, Saponins, Sugars, Phobotannis and Lignin तत्व पाये जाते हैं।

उपयोग – यह कफ पित्त, डायरिया, डिसेन्ट्री (आंवदस्त) तथा पेट संबंधी अन्य रोगों में उपयोगी है।

पौध विवरण – यह मिश्रित वन में पाई जाने वाली लगभग 2 से 2.5 मीटर ऊंची झाड़ी है, जो शाख होती है। पत्तियां त्रिकोणीय खुरदरी एवं रोमयुक्त होती है फूल लाल रंग के होते हैं। इस पर लगे घुमावदार एठन लिये हुए फलियों से इसे पहचानते हैं।

संग्रहण क्षेत्र – जगदलपुर, दंतेवाड़ा, बीजापुर, दक्षिण कोण्डागांव, धमतरी, महासमुंद, राजनांदगांव, बिलासपुर, मरवाही, धरमजयगढ़, उत्तर सरगुजा, पूर्व सरगुजा वन मंडल।

संग्रहण काल – जनवरी–अप्रैल के बीच फलों का संग्रहण करना चाहिए।

संग्रहण विधि

1. परिपक्व फल हरे रंग से पककर भूरे रंग की हो जाए तथा फलियों का पेंच खुलने लगे तब संग्रहण का उपयुक्त समय है।
2. 10% शाखाओं को पुनरूत्पादन हेतु छोड़ कर फलियों को एकत्रित कर लेवें।

प्राथमिक उपचार

1. फली एकत्रित करने के बाद साफ स्थान पर 2–3 दिन तक धूप में अच्छी तरह सुखावें
2. सूखें हुए फलियों से अतिरिक्त डंठल, पत्तियों आदि को हटा देवें।
3. सूखें हुए फलों को जूट बैग में भर कर स्वच्छ नमी रहित स्थान पर संग्रहित करके रखें।

भंडारण काल – 1 वर्ष।

बाजार माँग – बाजार माँग अधिक है।

इन्द्रजौ

(Holarrhena antidysenterica)

प्रजाति का नाम – इन्द्रजौ

स्थानीय नाम – कुरचीं, दूधि, कोरिया, कुटज, कुड़ैया, कुड़ा

वानस्पतिक नाम – *Holarrhena antidysenterica* Wallich

फेमिली नाम – Apocynaceae (एपोसायनेसी)

व्यापारिक नाम – इन्द्रजौ

उपयोगी भाग – बीज

स्वभाव – वृक्ष

प्रमुख रासायनिक तत्व – इसमें Alkaloids; Conessince, Non conessince, Conessimine, Isoconessimine, Curchine, Conimin, Conamine, Conkurchine, Holarrhine, Holarrhenine and Holarrhimine तत्व पाये जाते है।

उपयोग – बीज का उपयोग अतिसार, कुष्ट, ज्वरनाशक, कृमि एवं गृहणी रोगों के उपचार में। इसका उपयोग मधुमेह के उपचार में किया जाता है।

पौध विवरण – यह एक झाड़ीनुमा छोटा वृक्ष होता है, इसके पत्ते 10–30 सेमी. लंबे, अंडाकर व पतले होते हैं। शिराएँ उभरी हुई होती है, और चमकीली होती है। फूल सफेद सुंगधित होते हैं तथा शाखाओं के शीर्ष पर बड़े गुच्छों में लगे होते हैं। फलियाँ जोड़े में 20–45 सेमी. लंबी गहरे भूरे रंग की फलियों पर सफेद दाने पाये जाते हैं। फल्लियों का आकार अर्द्धचंद्राकार होता है। बीज लगभग 1 सेमी. लंबे होते हैं। उनके शीर्ष पर 2 से 2.5

सेमी लंबा, भूरा रोम गुच्छा होता है। पौधे के किसी भी भाग को काटने पर दूध सा सफेद रस निकलता है।

संग्रहण क्षेत्र – बस्तर, बिलासपुर, दंतेवाड़ा, धमतरी, दुर्ग, जशपुर, कोरबा, महासमुंद, रायगढ़, रायपुर, राजनांदगांव, सरगुजा वन मंडल।

संग्रहण काल – फल का संग्रहण फरवरी से अप्रैल माह में किया जाता है।

संग्रहण विधि

1. पेड़ के नीचे साफ कपड़ा बिछा लें।
2. फलों को बांस की डंडी से हुक फंसा कर तोड़ें।
3. फल तोड़ने के लिये पेड़ को नुकसान न पहुंचाये।

प्राथमिक उपचार

1. फली को संग्रहित कर साफ स्थान पर रखकर धूप में सुखावें।
2. सूखें फल पर हलका प्रहार करने पर भूरे रंग का बीज प्राप्त होता है। प्राप्त बीजों को सावधानीपूर्वक निकालकर अलग कर लेवें।
3. इस प्रकार से प्राप्त बीजों को धूप में अच्छी तरह सूखावें।
4. तत्पश्चात् जूट बैग या प्लास्टिक बैग में भरकर सूखें स्थान पर भंडारित कर रखे।

बाजार मानक – भूरे रंग का पूर्णतः सूखा स्वच्छ मिलावट रहित बीज।

भंडारण काल – एक से दो वर्ष।

बाजार माँग – इन्द्रजौ बीज की माँग कम है।

जट्रोफा

(*Jatropha curcas*)

प्रजाति का नाम – जट्रोफा

स्थानीय नाम – जट्रोफा, रतनजोत, बगरंडा

वानस्पतिक नाम – *Jatropha curcas* (L.)

फेमिली नाम – Euphorbiaceae (यूफोरबिएसी)

व्यापारिक नाम – जट्रोफा, रतनजोत

उपयोगी भाग – बीज

स्वभाव – झाड़ी

प्रमुख रासायनिक तत्व – इसमें **Fatty Acid; myristic, palmitic, stearic, Arachidic, oleic and linoleic Acid** तत्व पाये जाते हैं।

उपयोग – बीजों से तेल निकाला जाता है, जिसका उपयोग पेंट, वार्निश एवं बायोफ्यूल के लिये किया जाता है।

पौध विवरण – जट्रोफा एक मध्यम आकार का पौधा होता है। यह पौधा सामान्यतः खेत के मेड़ों पर पाया जाता है। इसके पत्ते बड़े, चौड़े 5 से 7 पालियों में बटे होते हैं। इसके फूल 6 से 8 इंच लंबे होते हैं। इसमें गोल फल तीन फलक युक्त गुच्छों में लगे होते हैं। इसके बीज चितकबरे काले एवं सफेद रंग के चिकने चमकदार अरण्ड़ के बीज की तरह दिखते हैं।

संग्रहण क्षेत्र – बस्तर, बिलासपुर, दुर्ग, जशपुर, महासमुंद, रायपुर, सरगुजा, कवर्धा वन मंडल।

संग्रहण काल – वर्ष में दो बार

संग्रहण विधि

1. पेड़ के नीचे साफ कपड़ा बिछा लें।
2. फलों को बांस की डंडी से हुक फंसा कर तोड़ें।
3. फल तोड़ने के लिये पेड़ को नुकसान न पहुंचाये।

प्राथमिक उपचार

1. फली को संग्रहित कर साफ स्थान पर रखकर धूप में सुखावें।
2. सूखें फल पर हलका प्रहार करने पर भूरे रंग का बीज प्राप्त होता है । प्राप्त बीजों को सावधानीपूर्वक निकालकर अलग कर लेवें।
3. इस प्रकार से प्राप्त बीजों को धूप में अच्छी तरह सूखावें।
4. तत्पश्चात् जूट बैग या प्लास्टिक बैग में भरकर सूखें स्थान पर भंडारित कर रखे।

बाजार मानक – भूरे रंग का पूर्णतः सूखा स्वच्छ मिलावट रहित बीज।

भंडारण काल – एक से दो वर्ष।

बाजार माँग – इन्द्रजौ बीज की माँग कम है।

कटेरी

(Solanum surattense)

प्रजाति का नाम – कटेरी

स्थानीय नाम – कटेरी, भेजरा, कोई, कंटककरी, भसकटिया, भटकटैया

वानस्पतिक नाम – *Salanum surattense* Burm. f.

फेमिली नाम – Solanaceae (सोलेनेसी)

व्यापारिक नाम – कंटकरी, कटेरी

उपयोगी भाग – पंचांग (जड़ सहित)

स्वभाव – शाक

प्रमुख रासायनिक तत्व – इसमें **Carpesteral, Gluco-alkaloid, Solasodine, Solasonine and Solanocarpine** तत्व पाये जाते हैं।

उपयोग – कटेरी का पंचाग खांसी, दमा, छाती का दर्द और ज्वर रोगों, ब्लड प्रेशर, दांत दर्द, पथरी के निवारण के लिए बनाई जाने वाली औषधियों में किया जाता है।

पौध विवरण – यह एक कंटीला अत्यन्त शाखित पौधा होता है। नम शाखाओं पर अनेक सूक्ष्म रोम पाये जाते हैं। पूरे पौधे पर कांटे लगे होते हैं। कांटे पीले चमकदार लगभग 1.5 सेमी. लंबे होते हैं। पत्ते बैंगन की पत्तियों के समान होते हैं। फूल सफेद रंग के होते हैं, फल लाल रंग के सरस 1.5 से 2 सेमी. व्यास के गोल होते हैं।

संग्रहण क्षेत्र – समस्त वन मंडल

संग्रहण काल – फरवरी–जून

संग्रहण विधि

1. पौधे में फल गलकर पक जाये तब इसका संग्रहण किया जाना उचित होता है।
2. पौधे को जड़ सहित उखाड़कर संग्रहण करें।
3. 10% पौधों को पुनरूत्पादन हेतु छोड़ देवें।

प्राथमिक उपचार

1. संग्रहण के तुरन्त बाद जड़ों की मिट्टी एवं अवांछनीय पदार्थ आदि को साफ कर लेवें।
2. खराब कटे फटे पत्तों को निकाल कर अलग कर लेवें।
3. ततपश्चात् इसे 1.5 से 2 इंच टुकड़ों में काटें।
4. लगभग 3 दिन छांव में सुखाकर फिर छूप में सुखायें।
5. सूखने के बाद पॉलीथिन बैग में भरकर सील कर भंडारण हेतु रखें।

बाजार मानक

1. 1.5 से 2 इंच टुकड़ों में कटा हुआ पंचांग।
2. स्वच्छ एवं सूखा (नमी 10% से कम)।

भंडारण काल – एक वर्ष

बाजार माँग – बाजार माँग औसत है।

निर्गुण्डी
(Vitex negundo)

प्रजाति का नाम – निर्गुण्डी

स्थानीय नाम – निगुर, सेन्दौर, शिवारी, निर्गुड़ी

वानस्पतिक नाम – *Vitex negundo* (L.)

फेमिली नाम – Verbenaceae (वर्बिनेसी)

व्यापारिक नाम – निर्गुड़ी

उपयोगी भाग – पत्ती, बीज

स्वभाव – झाड़ी

प्रमुख रासायनिक तत्व – इसमें Alkaloid nishindine and hydrocotylene दक oil तत्व पाये जाते है।

उपयोग – पत्तियों का उपयोग मुंह के अल्सर, आमवात संधिवात, अरूचि, कृमि, कफ, खांसी, मूत्र रोग, कान दर्द, ज्वर आदि रोग के निवारण में तथा तेल का उपयोग गठिया के रोग में किया जाता है।

पौध विवरण – यह नदी नाले के किनारे पायी जाने वाली बहुशाखित झाड़ी है। इसकी पत्तियों में पांच फलक होती है। पत्ते अरहर के पत्तों के समान भालाकार पत्तियों पर तेल ग्रंथि पाई जाती है। पुष्प वृन्त शाखाओं में शीर्ष पर लगे होते हैं। पुष्प बैंगनी रंग के बहुत सुंदर होते हैं। फल काले रंग के कठोर होते है।

संग्रहण क्षेत्र – जगदलपुर, दंतेवाड़ा, सुकमा, कांकेर, पूर्व भानुप्रतापपुर, उत्तर कोण्डागांव, दक्षिण कोण्डागांव, नारायणपुर,

धमतरी, पूर्व रायपुर, उदंती, बिलासपुर, मरवाही, धरमजयगढ़, कोरिया, मनेन्द्रगढ़, जशपुर वन मंडल।

संग्रहण काल – अक्टूबर–नवम्बर

संग्रहण विधि

1. जब पौधा पुष्पनकाल में हो उस समय पत्तियों को तोड़कर संग्रहित कर लेवें।
2. नरम शाखाओं से निकलती हुई पत्तियों को छोड़कर नीचे की पुरानी पत्तियों को तोड़े।
3. शाखाओं को नुकसान न पहुंचाएं।

प्राथमिक उपचार –

1. संग्रहित पत्तियों से डंठल एवं अवांछनीय पदार्थ साफ कर छाया में सुखायें।
2. पत्तियों को संग्रहित करने के बाद ढेर लगाकर न छोड़ें, इससे पत्तियां काली पड़ जाती है जिससे बाजार मूल्य कम हो जाता है।
3. सूखने के बाद पत्तियों को उच्च गुणवत्ता के पॉलीथीन बैग में भरकर नमी रहित सूखें स्थान पर भंडारित करें।

बाजार मानक – पत्ती पूर्णतः सुखा हुआ गहरे हरे का डंठल रहित।

भंडारण काल – पत्ती अधिकतम 6 माह

बाजार माँग – बाजार माँग मध्यम है।

धवई फूल

(Woodfordia fruticosa)

प्रजाति का नाम – धवई फूल

स्थानीय नाम – धवई, धारू, धाव, धाय

वानस्पतिक नाम – *Woodfordia fruticosa* (L.)

फेमिली नाम – Lythraceae (लाईथ्रेएसी)

व्यापारिक नाम – धवई

उपयोगी भाग – फूल

स्वभाव – झाड़ी

प्रमुख रासायनिक तत्व – इसमें β-Sitosterol, Polystachoside, Octaco-sanol, Myricetin-3 Galactoside, Cyaniding-3, 5-Diglucoside तत्व पाये जाते है।

उपयोग – फूलों से प्राप्त रंग का उपयोग टॉनिक बनाने में किया जाता है। इसके अलावा आंतों एवं लिवर से संबंधित विकारों, कफ, अतिसार, पाचन तंत्र के विकार, चर्मरोग, प्रदर रोग, ज्वर में उपयोग किया जाता है।

पौध विवरण – मिश्रित वन में पायी जाने वाली झाड़ी है, इसकी पत्तियां तने पर तीन चक्र में भालाकार होती हैं, पुष्प चमकीले लाल रंग के पत्तियों के नीचे से निकले हुए गुच्छे में लगे होते हैं।

संग्रहण क्षेत्र – जगदलपुर, दंतेवाड़ा, सुकमा, कांकेर, पूर्व भानुप्रतापपुर, उत्तर कोण्डागांव, दक्षिण कोण्डागांव, नारायणपुर,

धमतरी, पूर्व रायपुर, उदंती, बिलासपुर, मरवाही, धरमजयगढ़, कोरिया, मनेन्द्रगढ़, जशपुर वन मंडल।

संग्रहण काल – फरवरी–मार्च

संग्रहण विधि

1. फरवरी से मार्च माह में झाड़ी फूलों से ढके होते हैं। अतः यह संग्रहण के लिए सबसे उपयुक्त समय है।
2. संग्रहण के लिए हाथों से फूलों को तोड़ें या झाड़ी के नीचे साफ कपड़ा बिछाकर झाड़ीं को हिलाकर फूलों का संग्रहण करें।
3. संग्रहण के लिए शाखाओं को न काटें।

प्राथमिक उपचार

1. संग्रहण के तुरंत बाद पत्तियों, डंठल आदि को निकाल लें।
2. इसके बाद साफ स्थान पर धूप में 2–3 दिन तक सूखायें
3. सूखनें पर फूलों का रंग चमकीले लाल से हल्के लाल रंग का हो जाता है। और अलग–अलग हो जाते हैं।
4. फूलों को अच्छी तरह से नहीं सुखाने पर नमी के कारण फूल काले रंग का हो जाता है।
5. सुखाने के बाद एक बार पुनः अशुद्धियों को दूर कर पॉलीथीन लाईन वाले जूट बोरे में भरकर कीड़े मकोड़े से सुरक्षित नमी रहित स्थान में भंडारित करें।

बाजार मानक

1. लाल रंग का डंठल रहित।
2. नमी 10% से कम।

भंडारण काल – एक वर्ष

बाजार माँग – बाजार माँग मध्यम है।

अपामार्ग

(Achyranthes aspera)

प्रजाति का नाम – अपामार्ग

स्थानीय नाम – चिरचड़ा, लटजीरा, बिचौटी

वानस्पतिक नाम – *Achyranthes aspera*

फेमिली नाम – Achyranthaceae (एकाइरेन्येसी)

व्यापारिक नाम – अपामार्ग, चिरचड़ा

उपयोगी भाग – पंचांग (मुख्यतः जड़ एवं बीज)

स्वभाव – शाक

प्रमुख रासायनिक तत्व – इसमें Triterpenoid Saponins, Betaine, Achryanthine, Hentriacontane, Ecdysterone तत्व पाये जाते हैं।

उपयोग – जड़ रहित पंचांग का उपयोग पाइल्स, दंतरोग कफ, वात, नेत्ररोग, अरुचि, उदररोग, कृमिरोग, रक्तविकार, कास, चर्मरोग, दौर्बल्य आदि के उपयोग किया जाता है।

पौध विवरण – अपामार्ग 40 से 60 सेमी ऊंचा सीधा शाकीय पौधा होता हे। पूरे पौधे पर सफेद छोटे–छोटे रोम चमकते हुए पाये जाते हैं। पत्तियों गोल तने के पर्व पर आमने सामने लगे होते हैं। पत्तियों की सतह पर खुरदरी होती हैं। पत्तियों के बीच से लम्बी पुष्प वृन्त निकलती है जिस पर चिपकने वाले घने फल लगे होते हैं। इसके फल छोटे होते हैं, जो रास्ते में चलने पर कपड़ों पर चिपक जाते है एवं गड़ते है, इसलिए इसे अपामार्ग कहते हैं।

संग्रहण क्षेत्र – जगदलपुर, दंतेवाड़ा, सुकमा, कांकेर, पूर्व भानुप्रतापपुर, उत्तर कोण्डागांव, दक्षिण कोण्डागांव, नारायणपुर, धमतरी, पूर्व रायपुर, उदंती, बिलासपुर, मरवाही, धरमजयगढ़, कोरिया, मनेन्द्रगढ़, जशपुर वन मंडल।

संग्रहण काल – मार्च – अप्रैल

संग्रहण विधि

1. पौधे में जब बीज पककर गिरने लगे तब पंचांग का संग्रहण करें।
2. 10% पौधों को पुनरूत्पादन हेतु छोड़कर जड़ सहित उखाड़ लेवें।

प्राथमिक उपचार

1. एकत्रित किये पौधों को स्वच्छ स्थान पर रखकर उसमें से अवांछनीय खरपतवार, कटी–फटी पत्ती को निकाल दें।
2. इसके बाद संपूर्ण भाग को 2–3 इंच टुकड़ो में काट लें।
3. काटने के पश्चात् छाया में 2–3 दिन सुखायें।
4. सूखने के बाद जूट बोरे में भरकर नमी रहित स्थान में भंडारित कर रखें।

बाजार मानक –

पंचाग	जड़	बीज
1. 2–3 इंच टुकड़ो में कटा।	1. 2–3 इंच टुकड़ों में कंटा हुआ, मिट्टी रहित।	1. पूर्णतः सूखा, भूरे कत्थई रंग का।
2. नमी रहित	2. नमी रहित (10% से कम नमी)	2. नमी रहित (10% से कम नमी)

भंडारण काल – पंचांग, जड़ एवं बीज तीनों एक वर्ष तक संग्रहित किये जा सकते है।

बाजार माँग – बाजार माँग कम है।

बच

(Acorus calamus)

प्रजाति का नाम – बच

स्थानीय नाम – बच, बचा, घुड़वच

वानस्पतिक नाम – *Acorus calamus* (L.)

फेमिली नाम – Aracaceae (एरेकेसी)

व्यापारिक नाम – बच

उपयोगी भाग – राइजोम

स्वभाव – शाक

प्रमुख रासायनिक तत्व – इसमें Volatile oil-Calamus oil, Asarone, β-Isomer, Calamenol; Calamene, Calamenone, Methyleugenol, Eugenol and α-Pinene, Andrographolid तत्व पाये जाते है।

उपयोग – बच के राइजोम का उपयोग मुख्यतः याददाश्त बढ़ाने हेतु ब्रेन टॉनिक के रूप में किया जाता है। साथ ही गैस्ट्राइस्ट्स, बदहजमी तथा भूख बढ़ाने में भी इसके राइजोम का उपयोग किया जाता है।

पौध विवरण – इसका पौधा नदियों के किनारे नमी युक्त स्थानों में पाया जाता है। यह एक छोटा पौधा होता है, इसके प्रकंद विभाजित होकर भूमि में दूर– दूर तक फैल जाते हैं। प्रकंद अत्यंत सुंगधित होते हैं। इसके पत्ते बहुत लंबे संकरे सीधे एवं कड़े होते हैं। फूल लंबी स्पाइकों में आते हैं।

संग्रहण क्षेत्र – वन मंडल बस्तर, सरगुजा एवं अन्य मिश्रित वनों में सिंचाई नहर के किनारे में।

संग्रहण काल – मई – जुलाई

संग्रहण विधि

1. जब इसकी पत्तियां पीली पड़कर सूखने लगती हैं तो इस समय सावधानी से पौधे को राइजोम सहित छोटी कुदाल से खोदकर निकाल लें।
2. राइजोम के अग्र भाग को काटकर वापस मिट्टी में दबा दें, इससे अगले वर्ष पुनः नया पौधा उत्पन्न हो जावेगा।

प्राथमिक उपचार

1. अब पत्तियों सहित तने को काटकर राइजोम से अलग कर लेवें।
2. तत्पश्चात् राइजोम को 2–3 इंच टुकड़ो में काटकर सुखा लेवें।
3. राइजोम के साथ छोटे जड़ भी लगी होती हैं उसको अलग कर लेवें
4. इसके बाद इसे छाया में सुखायें।
5. पूरी तरह से सूखने बाद पॉलीथीन लाईन वाले जूट बोरे में स्वच्छ नमी रहित स्थान में भंडारित करें।

बाजार मानक

1. 2–3 इंच टुकड़ों में कटा हुआ।
2. स्वच्छ एवं नमी रहित

भंडारण काल – एक वर्ष

बाजार माँग – बाजार माँग अधिक है।

कालमेघ

(Andrographis paniculata)

प्रजाति का नाम – कालमेघ

स्थानीय नाम – भूई नीम, कडू चिरायता, चिरायता

वानस्पतिक नाम – *Andrographis paniculata* (Burm.f.)

फेमिली नाम – Acanthceae (एकेन्थेसी)

व्यापारिक नाम – कालमेघ, भूई नीम

उपयोगी भाग – पंचांग (जड़ रहित)

स्वभाव – शाक (Herb)

प्रमुख रासायनिक तत्व – इसमें Bitter Glucoside : Andrographolide, Neoandrographolide, Panaculoside, Flavonoids, Andrographin, Panicalin, Apigeinin तत्व पाये जाते हैं।

उपयोग – विशेष रूप से मलेरिया एवं अन्य ज्वर, पीलिया एवं लिवर, चर्मरोग तथा एच.आई.वी. (एड्स) में उपयोगी।

पौध विवरण – यह शाकीय एक वर्षीय पौधा है, इसकी पत्तियाँ मिर्ची के पौधे की तरह गहरी हरी, भालाकार एवं अत्यन्त कड़वी होती है। तना चौकोर व गहरे हरे रंग का होता है। इसके पौधे पर हल्के सफेद रंग के फूल निकलते हैं। फल 1.2 सेमी. लम्बी सम्पुटिका होती है।

संग्रहण क्षेत्र – बस्तर, बिलासपुर, दंतेवाड़ा, कांकेर, कोरबा, रायपुर, धमतरी, कवर्धा, खैरागढ़, उदन्ती, सुकमा, बीजापुर, राजनांदगांव, सरगुजा वन मंडल।

संग्रहण काल – अक्टूबर–नवम्बर

संग्रहण विधि

1. कालमेघ के पौधे पर जब फूल एवं फल लगना प्रारंभ हो जाता है इस समय इसका संग्रहण कर लेना चाहियें।
2. जमीन से 5–6 सेमी तने को छोड़ते हुए हंसिये से काटें।
3. संग्रहित उपज को अच्छी तरह से रस्सी में बांध लें जिससे पौधे इधर उधर न बिखरें।
4. संग्रहण क्षेत्र में लगभग 20 प्रतिशत पौधे को पुनरूत्पादन हेतु आवश्यक रूप से छोड़ देवें।

प्राथमिक उपचार – संग्रहण के बाद सबसे पहले संग्रहित उपज से खरपतवार आदि को निकाल लें। तत्पश्चात् संग्रहित उपज को तेज धार वाली चाकू या स्ट्रॉ काटने वाली मशीन से 4–5 सेमी टुकड़ों में काट कर हल्की धूप में सुखा लेवें।

बाजार मानक

1. 4 से 5 सेमी. टुकड़ों में कटा पंचांग (जड़ रहित)।
2. पंचाग में 70% पत्तियाँ होनी चाहिए।
3. मिलावट रहित स्वच्छ पंचांग।
4. 5 प्रतिशत से अधिक नमी नहीं होना चाहिए।

भंडारण काल – एक वर्ष

बाजार माँग – बाजार माँग बहुत अधिक है।

पुनर्नवा

(Boerhavia diffusa)

प्रजाति का नाम – पुनर्नवा

स्थानीय नाम – पुनर्नवा

वानस्पतिक नाम – *Boerhavia diffusa* (L.)

फेमिली नाम – Nyctaginaceae (निकटाजिनेसी)

व्यापारिक नाम – पुनर्नवा

उपयोगी भाग – पंचांग, जड़

स्वभाव – शाक (Herb)

प्रमुख रासायनिक तत्व – इसमें Alkaloid, Triacontanol Hentriacontane, β-Sitosterol, Glucose, Fructose and Sucrose तत्व पाये जाते हैं।

उपयोग – इसके पौधे में पुनर्नवनी नामक एल्केलाइड पाया जाता है। अतः इसको जलोदर, पीलिया, सूजाक, नेत्ररोग, उदर रोग, श्वास, कास, रक्तप्रदर, ज्वर, दौर्बल्य, वाजीकरण रोगों की औषधि बनाने में किया जाता है।

पौध विवरण – पुनर्नवा का पौधा प्रायः भूमि पर फैलने वाला तथा खुले स्थान पर पाया जाता है। इसकी शाखाएँ विभाजित तथा फैली हुई होती हैं। प्रत्येक गांठ पर दो पत्ते होते हैं। दोनों पत्तियाँ मंडलाकार होती हैं, किन्तु एक छोटी लगभग 1.5 से 2 सेमी. व्यास की और दूसरी बड़ी होती है। पत्तियों का आधार ह्रदयाकार होते हैं, पत्ते नीचे सफेद और ऊपर हरे होते हैं। फूल अत्यंत छोटे, लाल रंग के होते हैं। पुष्प पत्तों के कक्ष से निकलते हैं, जो लंबे डंठलों पर गुच्छों में लगते हैं।

संग्रहण क्षेत्र – बस्तर, बिलासपुर, दंतेवाड़ा, दुर्ग, रायगढ़, रायपुर, राजनांदगांव खैरागढ़, सरगुजा, कोरिया वन मंडल।

संग्रहण काल – मई–जुलाई

संग्रहण विधि –

1. पुराने परिपक्व पौधे से संग्रहण करना चाहिए।
2. गैंती या कुदाल की सहायता से खोदकर पौधे को जड़ सहित निकाल लेवें।
3. 10% पौधों को पुनरूत्पादन हेतु छोड़कर पौधे को जड़ सहित खुरपी की सहायता से खोदकर निकाल लेवें।

प्राथमिक उपचार

1. उखाड़ने के बाद जड़ों मे लगी मिट्‌टी खरपतवार आदि को निकाल दें।
2. साफ करने के बाद जड़ को 2–3 इंच टुकड़ों मे काट लें।
3. पंचांग को 2–3 इंच टुकड़ों में काट लें।
4. काटने के बाद स्वच्छ कपड़े, पेपर आदि पर फैलाकर धूप में सूखावें।
5. अच्छी तरह से सूखाने के बाद गनी बैग मे भरकर नमी रहित स्थान में भंडारित करें।

बाजार मानक

1. 2–3 इंच टुकड़ों में कटा पंचांग एवं जड़।
2. स्वच्छ एवं मिलावट रहित।
3. नमी रहित (10% से कम नमी)।

भंडारण काल – एक वर्ष

बाजार माँग – बाजार माँग अधिक है।

मंडुकपर्णी

(Centella asiatica)

प्रजाति का नाम – मंडुकपर्णी

स्थानीय नाम – ब्रम्हमंडुकी, ब्राम्ही

वानस्पतिक नाम – *Centella asiatica* (L.)

फेमिली नाम – Apiaceae (एपिएसी)

व्यापारिक नाम – मंडुकपर्णी

उपयोगी भाग – सूखा पत्ता

स्वभाव – रेंगने वाला पौधा

प्रमुख रासायनिक तत्व – इसमें Asiaticoside, Madecassoside, Brahmo-side, Bicycloelemene, Centelloside, Indocentelloside, Oxyasiatio-coside, Thankuniside, Asiatic Acid, Betulinic Acid, Centellic Acid and Madecassic Acid तत्व पाये जाते हैं।

उपयोग – मण्डुकपर्णी के पत्तों को ब्रेन टॉनिक बनाने में उपयोग किया जाता हैं। चूंकि इसका उपयोग मस्तिष्क से संबंधित विकारों में किया जाता है, इसलिये इसे ब्राह्मी भी कहते हैं। इसे चर्मरोग, कफ, हृदय की दुर्बलता, तोतलाहट, श्वास, दुग्ध अल्पता, अपचन एवं ज्वर संबंधित विकारों में भी उपयोग किया जाता है।

पौध विवरण – यह पौधा सामान्यतः नदी नालों के किनारे एवं नम स्थानों पर पाया जाता है। इसका पौधा भूमि की सतह पर फैलने वाला होता है तथा इसकी विसर्पी शाखाओं की गांठों पर भी जड़ें फूट आती है। पत्ते छोटे, 2 सें 4 सेमी व्यास के एवं

वृक्काकर होते हैं। पत्तों के किनारे दंतुर होते हैं। फूल छोटे, गुलाबी या लाल, 3 से 6 के गुच्छों में होते हैं

संग्रहण क्षेत्र – बस्तर, कोण्डागांव, नारायणपुर, बिलासपुर, कवर्धा, रायपुर, रायगढ़, खैरागढ़, सरगुजा वन मंडल।

संग्रहण काल – अगस्त–अक्टूबर

संग्रहण विधि

1. जब पत्तियाँ परिपक्व होकर घनी हो जाती हैं, इस समय पत्तियों का संग्रहण करें।
2. पौधों के पत्तियों को एकत्रित कर शेष भाग जमीन में रहने देवें, जिससे शेष बचे रहने वाले भाग से फिर से पत्तियां निकल सकें।

प्राथमिक उपचार

1. पत्तियों को अवांछनीय अशुद्धियों से अलग कर स्वच्छ स्थान पर छाया में सुखा लेवें।
2. अच्छी तरह से सुखाने के लिये संग्रहित पत्तों को समय–समय पर उलटते पलटते रहें।
3. सूखी हुई पत्तियों को उच्च गुणवत्ता के पॉलीथीन बैग में भर कर नमी रहित स्थान पर संग्रहित करके रखें।

बाजार मानक

1. हरे रंग का साफ डंठल रहित पत्तियाँ।
2. नमी रहित पत्तियाँ (नमी 10% से कम)।

भंडारण काल – अधिकतम 1 वर्ष

बाजार माँग – बाजार माँग अधिक है।

सफेद मूसली

(Cholorophytum tuberosum)

प्रजाति का नाम – सफेद मूसली

स्थानीय नाम – सफेद मूसली

वानस्पतिक नाम – *Chlorophytum tuberosum* (Roxb.) Baker.

फेमिली नाम – Liliaceae (लिलियेसी)

व्यापारिक नाम – सफेद मूसली

उपयोगी भाग – कंद

स्वभाव – शाक

प्रमुख रासायनिक तत्व – तत्व इसमें Asparagin, Albumin, Cellulose तत्व पाये जाते है।

उपयोग – मूसली कंद का उपयोग बलवर्धक, नपुंसकता दूर करने के लिए तथा मूसली पाक, च्यवनप्राश आदि उत्पादों को बनाने के लिये किया जाता है । इसके अलावा इसके कंदों का उपयोग मधुमेह के उपचार में भी किया जाता है।

पौध विवरण – यह सागौन के जंगलों में बहुतायत में पायी जाती है। यह शाखा रहित शाकीय पौधा है। इसकी पत्तियां रेखाकार होती हैं जो जमीन से निकलती हुई दिखई देती है। पत्तियों के चारो ओर से लम्बी वृन्त निकलती है जिस पर सफेद फूल लगे होते हैं, इसकी कंद गाजर के कंद के आकार लिए हुए होती है।

संग्रहण क्षेत्र – बस्तर, बिलासपुर, दंतेवाड़ा, रायपुर, बीजापुर, सुकमा, भानुप्रतापपुर, राजनांदगांव वन मंडल।

संग्रहण काल – नवम्बर–दिसम्बर

संग्रहण विधि

1. पत्तियाँ जब सूखकर पीली पड़कर गिरने लगे इस समय कंद निकालना चाहिए।
2. कंदों को कुदाली की सहायता से 1–1.5 फीट व्यास का गड्ढा खोदकर सावधानीपूर्वक निकालें।
3. कंद को निकालने के बाद डिस्क के साथ छोटे कंद को वापस मिट्टी से ढंक देवें, जिससे पौधे का पुनरूत्पादन हो सके।

प्राथमिक उपचार

1. कंदों को संग्रहित कर पानी से अच्छी तरह धो लेवें।
2. धुले हुए कंदों को चाकू की सहायता से छीलकर एवं कंद के बीच से रेशा निकालकर स्वच्छ कपड़े पर या पॉलीथीन पर डालकर 2 से 3 दिन तक हलकी धूप में सूखायें।
3. सूखी हुई मूसली को ग्रेंडिग कर अर्थात् मोटे कंदों व पतले कंदों को छांट कर अलग कर लेवें।
4. तत्पश्चात् इन्हें प्लास्टिक कोटेड गनी बैग में पैक कर नमी रहित स्थिति में कम तापमान पर भंडारित करें।

बाजार मानक

1. सफेद रंग चमकदार रेशा एवं छिल्का रहित कंद।
2. नमी 10% से कम।

भंडारण काल – एक वर्ष

बाजार माँग – बाजार माँग औसत है।

काली मूसली

(*Curculigo orchioides*)

प्रजाति का नाम – काली मूसली

स्थानीय नाम – कौआ कांदा, कनवा, कौआपार

वानस्पतिक नाम – *Curculigo orchioides* (Gaertn.)

फेमिली नाम – Amaryllidaceae (अमारेलडियेसी)

व्यापारिक नाम – काली मूसली

उपयोगी भाग – कंद

स्वभाव – शाक

प्रमुख रासायनिक तत्व – इसमें Saponins, Curculigo- Saponin, Sapo-genins, Curculigenin, Phenolic Glycosides, Corchioside, Curculi-goside, Alkaloid lycorin तत्व पाये जाते हैं।

उपयोग – जड़ (कंद) का उपयोग शक्ति प्रदान करने, पाइल्स, त्वचा संबंधित विकार, पीलिया एवं अस्थमा आदि रोगों की औषधि बनाने में किया जाता है।

पौध विवरण – यह पौधा सामान्यतः साल के घने जंगलों में बहुतायत में पाया जाता है। यह दिखने में मूसली के पौधे के समान होता है परन्तु इसकी पत्तियाँ कड़ी होती है। पीले रंग के पुष्प मूल से निकलते हुए दिखाई देते हैं। कंद काले रंग की मूसली के समान होती है।

संग्रहण क्षेत्र – जगदलपुर, दंतेवाड़ा, सुकमा, कांकेर, पूर्व भानुप्रतापपुर, उत्तर कोण्डागांव, दक्षिण कोण्डागांव, नारायणपुर,

धमतरी, पूर्व रायपुर, उदंती, बिलासपुर, मरवाही, धरमजयगढ़, कोरिया, मनेन्द्रगढ़, जशपुर वन मंडल।

संग्रहण काल – जनवरी– फरवरी

संग्रहण विधि –

1. पत्तियां जब सूखकर पीली पड़कर गिरने लगे इस समय कंद निकालना चाहिए।
2. कंदों को कुदाली की सहायता से 1–1.5 फीट व्यास का गड्ढा खोदकर सावधानी पूर्वक निकालें।
3. कंद को निकालने के बाद डिस्क के साथ छोटे कंद को वापस मिट्टी से ढंक देवें, जिससे पौधे का पुनरूत्पादन हो सके।

प्राथमिक उपचार

1. संग्रहण करने बाद अच्छी तरह से कंदों को 3–4 बार साफ पानी से धो लेवें।
2. अब कंदों को 1.5 से 2 इंच छोटे टुकड़े करके गरम आर्द्रता युक्त पर्याप्त हवादार वाले स्थान में छाया में सुखा देवें।
3. पूरी तरह सूखने के बाद जूट बोरे में भरकर सील कर भंडारण हेतु रखें।

बाजार मानक

1. एक इंच टुकड़ों में कटा।
2. रेशा एवं छिल्का रहित।
3. स्वच्छ नमी रहित।

भंडारण काल – एक वर्ष

बाजार माँग – बाजार माँग अधिक है।

तिखुर

(Curcuma angustifolia)

प्रजाति का नाम – तिखुर

स्थानीय नाम – तिखुर

वानस्पतिक नाम – *Curcuma angustifolia* (Roxb.)

फेमिली नाम – Zingiberaceae (जिंगीबरेसी)

व्यापारिक नाम – तिखुर

उपयोगी भाग – कंद

स्वभाव – शाकीय

प्रमुख रासायनिक तत्व – इसमें Starch, Sugar, Gums and Fats तत्व पाये जाते है।

उपयोग – तिखुर की जड़ों में स्टार्च पाया जाता है, यह मधुर पौष्टिक तथा ज्वर नाशक एवं रक्तशोधक होता है। अपच, दमा, पीलिया, रक्ताल्पता, पथरी, अल्सर, कोढ़ तथा जलन आदि बीमारियों में उपयोग किया जाता हैं। अनेक आयुर्वेदिक कम्पनियां शक्तिवर्धक दवाइयों में इसका उपयोग करती है।

पौध विवरण – तिखुर का पौधा साल के वनों में बहुतायत में पाया जाता है। तिखुर एक तना रहित कंदीय जड़ वाली शाक है। इसकी जड़ों में लंबे मांसल रेशेनुमा संरचनाएँ निकलती है, जिनके सिरों पर अंडाकार कंद पाये जाते हैं। इसकी पत्तियाँ 30 से 45 सेमी. भालाकार तथा नुकीले शीर्ष वाली होती हे। इसका पौधा हल्दी के समान दिखाई देता है। इसकी पत्तियों को तोड़ने पर हल्की सुगंध आती है एवं फूल बैंगनी रंग के होते हैं।

संग्रहण क्षेत्र – जगदलपुर, दंतेवाड़ा, बीजापुर, उत्तर कोण्डागांव, दक्षिण कोण्डागांव, नारायणपुर, खैरागढ़, बिलासपुर, भानुप्रतापपुर वन मंडल।

संग्रहण काल – नवम्बर–जनवरी

संग्रहण विधि

1. जब पत्तियाँ सूखने लगती है, कंदों को खोदकर निकालने का यह सही समय होता है।
2. कंद से कपूर जैसी हल्की सुगंध आती है।
3. पौधे के चारों तरफ 1 से 1.5 फीट की दूरी से खुदाई करें।
4. कंदों की खुदाई के बाद बड़े कंदों का संग्रहण करें तथा शेष छोटे कंद को मिट्टी में पुनः ढंक देवें, जिससे वह पौधा पुनर्जीवित हो सके। यह ध्यान रखें तिखुर कंद के समान दिखने वाले गैंजी कंद का संग्रहण कर इसमें न मिलायें।

प्राथमिक उपचार

1. प्राथमिक उपचार के तहत कंद का चूर्ण बनाकर उपयोग करते हैं।
2. एकत्रित किए हुए कंदो को चाकू से साफ कर छिलका निकालकर पानी में डूबोकर रात भर रखें तथा सुबह उसमें लगी मिट्टी को साफ कर लेवें।
3. कंदों की घिसाई करने के बाद उसे पीसकर पानी में घोल लेवें यह घोल पीले रंग का दिखता है। अब इस घोल को साफ कपड़े से छान लेवें।
4. इन छने हुए घोल को बड़े बर्तन में रखकर प्रथम 2–3 दिन तक 12 घंटे के अंतराल में पानी बदलें। 5–6 दिन तक घोल को ठण्डे स्थान में रखकर इस प्रक्रिया से प्रसंस्कृत किया जाने पर तिखुर बर्तन के सतह पर बैठ कर जम जायेगा।
5. जमे हुए तिखुर को साफ पानी से अच्छी तरह धोयें।

6. इस प्रक्रिया को 5–6 दिन तक लगातार करने से इसका कड़वापन निकल जायेगा तथा इस प्रक्रिया को अपनाने से तिखुर पूरी तरह से सफेद रंग का हो जाता है।
7. प्राप्त पदार्थ को अच्छी तरह से फैला कर 4–5 दिन तक धूप में सूखाने पर तिखुर कठोर एवं भुरभुरा हो जायेगा। ध्यान रखें कि यह प्रक्रिया ठण्ड के दिनों में करें।

भंडारण – तिखुर को फूड ग्रेड पॉलीथीन बैग में भरकर नमी रहित साफ स्थान में संग्रहित करके रखें।

बाजार माँग

1. स्वच्छ सफेद, रवेदार।
2. मिलावट रहित।
3. नमी 10% से कम।

भंडारण काल – 1–2 वर्ष

बाजार माँग – बाजार माँग बहुत अधिक है।

सालपर्णी

(Desmodium gangeticum)

प्रजाति का नाम – सालपर्णी

स्थानीय नाम – चिपि, लटकन

वानस्पतिक नाम – *Desmodium gangeticum* (L.) DC.

फेमिली नाम – Fabaceae (फेबेसी)

व्यापारिक नाम – सालपर्णी, शालपर्णी, सलवन

उपयोगी भाग – पंचांग

स्वभाव – शाक

प्रमुख रासायनिक तत्व – इसमें Minerals - Calcium, Copper, Magnesium, Manganese, Aluminum, Sodium तत्व पाये जाते हैं।

उपयोग – पंचांग का उपयोग लीवर से संबंधित बीमारियों के इलाज में तथा जड़ का उपयोग सांप काटने (Snake bite) के ईलाज में किया जाता है।

पौध विवरण – यह मुख्यतः साल के वनों में पाया जाने वाला 3 से 4 फीट ऊंचा पौधा होता है। इसकी पत्तियाँ बिल्कुल साल की पत्तियों की तरह दिखाई देती है। तने के अक्ष से लंबा पुष्प वृन्त निकलता है, जिस पर गुलाबी रंग के पुष्प लगे होते हैं। फलियाँ चपटी एवं गुच्छों में लगती है।

संग्रहण क्षेत्र – बस्तर, बिलासपुर, दंतेवाड़ा, कोण्डागांव, जशपुर, रायगढ़, रायपुर, खैरागढ़, सरगुजा वन मंडल।

संग्रहण काल – दिसंबर

संग्रहण विधि

1. जब फल पूरी तरह परिपक्व हो जाये और बीज फट कर गिरने लगे तब यह समय संग्रहण के लिए उपयुक्त होता है।
2. 40% पौधों को पुनरूत्पादन हेतु छोड़कर शेष पौधों को जमीन से 1 इंच छोड़कर धारदार औजार की सहायता से संग्रहण किया जावें।

प्राथमिक उपचार

1. एकत्रित करने के बाद अवांछनीय पदार्थ को अलग कर लेवें।
2. साफ करने के बाद पौध को 1.5 से 2 इंच के समान आकार के टुकड़ों में काट लें।
3. काटने के तुरंत बाद इसे छांव में सुखा देवें।
4. सुखाने के बाद उच्च गुणवत्ता के पॉलीथीन बैग में भरकर सील कर सूखे स्थान पर भंडारित करें।

बाजार मानक

1. 1.5 से 2 इंच टुकड़ो में कटा जड़ सहित पंचांग।
2. मिलावट रहित।
3. सूखा पंचांग (10% से कम नमी)

भंडारण काल – एक वर्ष

बाजार माँग – बाजार माँग अधिक है।

भृंगराज

(Eclipta alba)

प्रजाति का नाम – भृंगराज

स्थानीय नाम – भेंगरा, कनकीफूल, भृंगराज

वानस्पतिक नाम – *Eclipta alba* (L.) Hassk.

फेमिली नाम – Asteraceae (एस्टरेसी)

व्यापारिक नाम – भृंगराज

उपयोगी भाग – पंचांग (जड़ सहित)

स्वभाव – शाक

प्रमुख रासायनिक तत्व – इसमें Thiophene, derivatives, five Amino Acid:- Cystine, glutamic Acid, phenylalanine, tyrosin methionine and β-sitosterol तत्व पाये जाते है।

उपयोग – इसके पत्तों का उपयोग हेयर डाई बनाने में किया जाता है। पंचाग का उपयोग लिवर के विकारों, दौर्बल्य, चर्मरोग, ज्वर, कास श्वास तथा काम शक्ति में वृद्धि आदि रोगों को ठीक करने में किया जाता है।

पौध विवरण – यह एक वर्षीय जमीन पर कुछ दूर रेंग कर उपर की ओर उठता हुआ शाकीय खरपतवार है जो नम स्थानों, प्रायः खेतों में पाया जाता है। तने के पर्व पर दो पत्तियाँ होती है जो खुरदरी होती है। पत्तियों को हाथ से मसलने पर अंगुलियाँ काली हो जाती है।

संग्रहण क्षेत्र – बस्तर, बिलासपुर, दंतेवाड़ा, धमतरी, दुर्ग, जशपुर, कवर्धा, कोरबा, महासमुंद, सरगुजा वन मंडल।

संग्रहण काल – जुलाई–सितम्बर

संग्रहण विधि

1. फूल निकलने के पश्चात् पौधा पूर्णतः परिपक्व हो जाता है, इस अवस्था में संग्रहण किया जावें।
2. 10% पौधे को पुनरूत्पादन हेतु छोड़कर शेष पौधों को पूर्णतः जड़ सहित निकाल लेवें।

प्राथमिक उपचार

1. संग्रहित किये गये पौधे से आवंछनीय खरपतवार एवं जड़ में लगी मिट्टी को निकाल लें।
2. संपूर्ण पौधे को 1.5 से 2 इंच टुकड़ें में काट लेवें।
3. इसके बाद इन टुकड़ों को साफ स्थान में रख कर छांव में सूखावें।
4. सुखाने के बाद उच्च गुणवत्ता के पॉलीथीन बैग में भरकर सीलकर नमी रहित स्थान पर भंडारित करें।

बाजार मानक

1. 1.5 से 2 इंच टुकड़ों में काटा हुआ।
2. मिलावट रहित।
3. नमी रहित (10% से कम नमी)।

भंडारण काल – एक वर्ष

बाजार माँग – बाजार माँग अधिक है।

वन तुलसी

(Ocimum gratissimum)

प्रजाति का नाम – वन तुलसी

स्थानीय नाम – बन तुलसी, काली तुलसी

वानस्पतिक नाम – *Ocimum gratissimum* Linn.

फेमिली नाम – Labiateae (लेबिएटी)

व्यापारिक नाम – वन तुलसी

उपयोगी भाग – बीज

स्वभाव – शाकीय

प्रमुख रासायनिक तत्व – इसमें Essention Oil, Eugenol 45-70%, Methyl Eugenol 20% carbacrol, ocimene, p-cymene, camphene, limonene, A-pinene and b-pinene तत्व पाये जाते हैं।

उपयोग – श्वांस खांसी, कफ, कान दर्द, कृमिरोग, हृदयदौर्बल्य, रक्त विकार एवं मूत्रसंस्थान से संबंधित बीमारियों की दवाई बनाने में उपयोग किया जाता हैं।

पौध विवरण – यह मिश्रित वन में, खुले मैदानों में पाया जाने वाला लगभग 60–75 सेमी. ऊँचा शाखित पौधा होता है। पत्ते आमने सामने जोड़े में, लगभग 5–7 सेमी. लंबे, किनारे दांतेदार, तथा पत्तियों पर रोम पाये जाते हैं। पत्तियों में तेज सुगन्ध होती है। फूल छोटे सुगंधित सफेद रंग के छोटी स्पाइकों मे लगते हैं। बीच चपटे एवं काले रंग के होते हैं।

संग्रहण क्षेत्र – जगदलपुर, दंतेवाड़ा, बीजापुर, सुकमा, उत्तर कोण्डागांव, दक्षिण कोण्डागांव, धमतरी, उदंती वन मंडल।

संग्रहण काल – दिसम्बर–फरवरी

संग्रहण विधि

1. जब पौधा पूरी तरह से फलित हो जायें, यह समय संग्रहण के लिए उपयुक्त है।
2. पौधों को जड़ से न उखाड़कर, पहले गांठ से पौधे को हँसिये की सहायता से काटना शुरू करें।
3. संग्रहण क्षेत्र में पुनरूत्पादन हेतु 10% पौधों से बीज संग्रहण न करें।

प्राथमिक उपचार

1. संग्रहित शाखाओं को धूप में सुखा दें।
2. सुखाने के बाद शाखाओं पर हल्का प्रहार कर बीज को साफ कपड़े पर झड़ा लेवें।
3. बीज को पुनः धूप में अच्छी तरह सूखाकर से छिलका, डठंल आदि को हटा देवें।

भंडारण

1. संग्रहित बीजों को गनी बैग में भरकर नमी रहित भंडार गृह पर भंडारित करें।

बाजार मानक

1. सूखा एवं काले रंग का मिलावट रहित।
2. नमी रहित (10% से कम)

भंडारण काल – 1–2 वर्ष

बाजार माँग – बाजार माँग अधिक है।

भुई आंवला

(Phyllanthus amarus)

प्रजाति का नाम – भुई आंवला

स्थानीय नाम – हजारदाना, जरमाला, जंगली आंवला

वानस्पतिक नाम – *Phyllanthus amarus* (Schumach. & Thonn.)

फेमिली नाम – Euphorbiaceae (यूर्फोबिएसी)

व्यापारिक नाम – भुई आमलकी

उपयोगी भाग – पंचांग (जड़ रहित)

स्वभाव – शाक

प्रमुख रासायनिक तत्व – इसमें β-Sitosterol, Alkaloids, Flavonoids, आदि तत्व पाये जाते है।

उपयोग – भुई आंवला के पंचांग का सत्व पीलिया रोग, चर्मरोग, नेत्ररोग, श्वास, अरूचि, विषमज्वर के उपचार में किया जाता है।

पौध विवरण – यह 20 से 25 सेमी. ऊँचा शाकीय पौधा है। पत्तियां इमली के समान, पत्तियों के नीचे छोटे–छोटे आँवले के समान फल लगे होते हैं। फल कड़वा तथा फटने वाला होता है।

संग्रहण क्षेत्र – जगदलपुर, दंतेवाड़ा, सुकमा, कांकेर, पूर्व भानुप्रतापपुर, उत्तर कोण्डागांव, दक्षिण कोण्डागांव, नारायणपुर, धमतरी, पूर्व रायपुर, उदंती, बिलासपुर, मरवाही, धरमजयगढ़, कोरिया, मनेन्द्रगढ़, जशपुर वन मंडल।

संग्रहण काल – अक्टूबर

संग्रहण विधि

1. सामान्यतः इनका संग्रहण जब पत्तियों का हल्का हरा रंग गहरे हरे रंग में परिवर्तित हो जाए तथा फल लग जाए तब किया जाना चाहिए।
2. बीज गिरने के बाद संग्रहण किया जाना चाहिये।
3. 20% पौधों को पुनरूत्पादन हेतु छोड़ते हुए सावधानीपूर्वक पूरे पौधे को जड़ सहित उखाड़ें।

प्राथमिक उपचार

1. संग्रहण के बाद अवांछनीय खरपतवार अशुद्धियों को अलग कर लें।
2. इसके बाद पूरे पौधे को 1.5 से 2 इंच टुकड़ों में काटें।
3. काटने के बाद इसे अच्छे से फैलाकर 2–3 दिन तक हल्की धूप में सुखायें।
4. सूखने के बाद मिट्टी कंकड़ आदि को झाड़कर निकाल लें एवं उच्च गुणवत्ता के पॉलीथीन बैग में भरकर नमी रहित स्थान में भंडारित करके रखें।

बाजार मानक

1. गहरे हरे रंग का 1.5 से दो टुकड़ों में कटा हुआ पंचांग।
2. मिलावट रहित
3. सूखा (नमी 10% से कम)।

भंडारण काल – अधिकतम एक वर्ष

बाजार माँग – बाजार माँग अधिक है।

मकोय

(Solanum nigrum)

प्रजाति का नाम – मकोय

स्थानीय नाम – मकोय, काकामाची

वानस्पतिक नाम – *Solanum nigrum* (L.)

फेमिली नाम – Solanaceae (सोलेनेसी)

व्यापारिक नाम – मकोय

उपयोगी भाग – पंचाग एवं फल

स्वभाव – शाक

प्रमुख रासायनिक तत्व – इसमें Riboflavin, Nicotinic Acid, Vitamin C, β-Carotene, Citric acid, Glucose, Fructose, α and β-Solanigrine तत्व पाये जाते है।

उपयोग – संपूर्ण पौधे का उपयोग पेचिश, उदर रोग व ज्वर नाशक की औषधि बनाने में किया जाता है। साथ ही इसका उपयोग दमा, त्वचा रोग, मूत्र संबंधी रोग में भी किया जाता है।

पौध विवरण – मकोय का पौधा मुख्यतः गाँवों में मेड़ों पर खुले स्थानों पर पाये जाते हैं। पौधा लगभग 60 से 75 सेमी. ऊँचा, शाखित एवं आलू के पौधे के समान दिखने वाला होता है। पत्तियाँ आधार पर चौड़ी होती है। फूल सफेद छोटे मिर्च के फूल के समान होते हैं। फल काले रंग के गोल, रसदार गुच्छों में लगे होते हैं फल स्वाद में मीठे होते हैं।

संग्रहण क्षेत्र – बिलासपुर, कोरबा, रायपुर, राजनांदगांव वन मंडल, बीजापुर, काँकेर, दन्तेवाड़ा।

संग्रहण काल – फरवरी–अप्रैल

संग्रहण विधि

1. जब पौधे में फल पककर हरे से बैंगनी रंग के हो जायें तब पंचांग संग्रहण का उत्तम समय होता है।
2. पौधे को हाथ से जड़ सहित उखाड़ लेवें।
3. 10% पौधों को पुनरूत्पादन हेतु छोड़ते हुए संग्रहण करें।

प्राथमिक उपचार

1. आवंछित खरपतवार जड़ की मिट्‌टी आदि को साफ कर लेवें।
2. स्वच्छ पंचाग को 1.5 से 2 इंच टुकड़ों में काट लें।
3. काटने के बाद हल्की छूप में सुखा लेवें।
4. सुखाने के बाद पूरे पंचाग को उच्च गुणवत्ता के पॉलीथीन बैग में नमी रहित 15-25ºC डिग्री कमरे के तापमान पर भंडारित कर रखें।

बाजार मानक

1. 1.5 से 2 इंच टुकड़ों में कटा।
2. पंचांग का पूरा भाग होना चाहिये।
3. स्वच्छ एवं नमी रहित (नमी 10% से कम)।

भंडारण काल – अधिकतम 6 माह

बाजार माँग – बाजार माँग अधिक है।

सरफोंक

(*Tephrosia purpurea*)

प्रजाति का नाम – सरफोंक

स्थानीय नाम – सरफूंका, ब्रजदंती

वानस्पतिक नाम – *Tephrosia purpurea* (L.) Pers.

फेमिली नाम – Leguminoseae (लेग्यूमिनोसी)

व्यापारिक नाम – बज्रदंती, सरफूंका

उपयोगी भाग – पंचाग (जड़ रहित)

स्वभाव – शाक

प्रमुख रासायनिक तत्व – इसमें ß-sitosterol, lupeol, retin, Delphinidio Chloride, Cyaniding Chloride, Isolon Rchocarpin, Lanceolatins तत्व पाये जाते हैं।

उपयोग – सरफोंक का पंचांग दांत से संबंधित विकारों, चर्मरोग, अपच, यकृत वृद्धि, श्वास, कृमि, जीर्णज्वर, जोड़ों के दर्द एवं अस्थमा की दवाईयां बनाने में उपयोग किया जाता है।

पौध विवरण – यह मुख्यतः रेलवे पटरी के किनारे या जंगल में पाया जाने वाला 1.5 से 3 फीट की उंचाई वाला एक वर्षीय पौधा है इसकी पत्तियां पंख के आकार की होती है। अतः इसे सरफूंका कहते हैं। तने के अक्ष पर 3 से 6 इंच लम्बी डंडियों पर बैगनी रंग के फूल लगे होते हैं एवं फूल के निचले हिस्से में फल्लियां लगी होती हैं।

संग्रहण क्षेत्र – जगदलपुर, दंतेवाड़ा, सुकमा, कांकेर, पूर्व भानुप्रतापपुर, उत्तर कोण्डागांव, दक्षिण कोण्डागांव, नारायणपुर,

धमतरी, पूर्व रायपुर, उदंती, बिलासपुर, मरवाही, धरमजयगढ़, कोरिया, मनेन्द्रगढ़, जशपुर वन मंडल।

संग्रहण काल – नवम्बर–जनवरी

संग्रहण विधि

1. जब पौधे में फूल निकल कर फलियाँ लगनी प्रारंभ हो जायें, तब संग्रहण हेतु उपयुक्त समय होता है।
2. जड़ को छोड़कर सम्पूर्ण पौधे का संग्रहण करें।
3. 10% पौधों को छोड़कर शेष पौधों को उखाड़कर संग्रहण करें।

प्राथमिक उपचार

1. संग्रहण के बाद पौधे से अवांछनीय खरपतवार अलग कर स्वच्छ स्थान पर एक आकार के (1.5 से 2 इंच) टुकड़ों में काट लेवें।
2. इसके बाद 3–4 दिन तक धूप में सुखावें।
3. सूखने के बाद जूट बोरे में भर कर नमी रहित स्थान पर भंडारित करें।

बाजार मानक

1. 1.5 से 2 इंच टुकड़ों में कटा हुआ।
2. पूर्णतः सूखा पंचांग।
3. नमी 10% से कम।

भंडारण काल – एक वर्ष

बाजार माँग – बाजार माँग कम है।

गोक्षुर

(Tribulus terrestris)

प्रजाति का नाम – गोक्षुर

स्थानीय नाम – गोक्षुर छोटा, गोखरू

वानस्पतिक नाम – *Tribulus terreistris* (L.)

फेमिली नाम – Zygophyliaceae (जाइगोफाइलेसी)

व्यापारिक नाम – गोक्षुर

उपयोगी भाग – फल

स्वभाव – शाक

प्रमुख रासायनिक तत्व – इसमें Saponins, Diosgenin, Gitogenin, Chlorogenin, Ruscogenin, sterols, Kaemperol-3 rutinoiside & new flavonoid, tribuloside तत्व पाये जाते हैं।

उपयोग – गोक्षुर के फल मूत्र सम्बन्धी रोगों एवं यौन दुर्बलता, गठिया एवं गुर्दे के रोगों की औषधि बनाने में किया जाता है।

पौध विवरण – इसका पौधा 15 सेमी. लम्बा, भूमि पर फैलने वाला होता है। पूरे पौधे पर सूक्ष्म रोम पाये जाते हैं। पत्ते आमने सामने जोड़े पत्रक होते हैं। फूल पीले रंग के पत्तों के डंठल के सामने अकेले लगते हैं। फलों पर कांटे लगे होते हैं, जो कपड़ों आदि पर चिपक जाते हैं। फल में अनेक बीज होते हैं।

संग्रहण क्षेत्र – बस्तर, सरगुजा, रायपुर वन मंडल, दन्तेवाड़ा, बीजापुर।

संग्रहण काल – नवम्बर–जनवरी

संग्रहण विधि

1. नवंबर–जनवरी माह में फल तैयार हो जाते हैं। इस समय पूर्ण परिपक्व फलों को तोड़ने के लिए पौध की शाखाओं को काट लेवें।
2. 10% पौधों को पुनरूत्पादन हेतु छोड़ दें।

प्राथमिक उपचार

1. संग्रहित शाखाओं को छूप में सूखा देवें, सूखने के बाद फल को शाखाओं से अलग कर लें।
2. इसके बाद फल को एक बार फिर से सूखने दें।
3. तत्पश्चात् उसे जूट बोरे में भरकर सील कर नमी रहित स्थान में भंडारित करें।

बाजार मानक

1. परिपक्व फल।
2. मिलावट रहित स्वच्छ फल।
3. पूर्णतः सूखा (नमी 10% से कम)।

भंडारण काल – अधिकतम एक वर्ष

बाजार माँग – बाजार माँग कम है।

वनजीरा

(Vernonia anthelmintica)

प्रजाति का नाम – वनजीरा

स्थानीय नाम – वनजीरा

वानस्पतिक नाम – *Vernonia anthelmintica* (L.)

फेमिली नाम – Asteraceae (एस्टरेसी)

व्यापारिक नाम – वनजीरा

उपयोगी भाग – बीज

स्वभाव – शाक

प्रमुख रासायनिक तत्व – इसमें Amino Acids, Linoleic myristic, Oleic, Palmitic, Stearic and Vernoleric Acids, Brassicasterol, Stigmas-terol तत्व पाये जाते है।

उपयोग– पत्तियों और बीज का उपयोग पेट के कृमि को निकालने के लिये किया जाता है। रक्तपित, विषमज्वर, एवं हाथी पांव में उपयोग किया जाता है

पौध विवरण – यह एक वर्षीय दो से पांच फुट ऊँचा पौधा होता है, जो उजाड़ भूमि एवं खुले स्थान पर पाया जाता हैं। पौधे की पत्तियाँ आधार पर चौड़ी, भालाकार तथा लम्बी नोंक वाली होती है। पत्तियों से तेज सुगंध आती है। सफेद छोटे फूल गुच्छों में पौध के शीर्ष पर लगे होते हैं। शाखाओं में अग्र भाग पर गुच्छों में सफेद रोमयुक्त पुष्प लगते हैं।

संग्रहण क्षेत्र – कोण्ड़ागांव, बस्तर, बिलासपुर, पूर्व रायपुर, उदंती, सरगुजा वन मंडल, बीजापुर, दन्तेवाड़ा, सुकमा।

संग्रहण काल – नवम्बर–दिसम्बर

संग्रहण विधि

1. फल के परिपक्व होने पर फूलों से पंख झड़ने लगते हैं, यह समय फल संग्रहण हेतु उपयुक्त है।
2. संग्रहण करने के लिए तेज धारदार हंसिये से लगभग 20 सेमी. पुष्पवृंत सहित तने को काट लेवें।
3. पुनरूत्पादन हेतु क्षेत्र में 10% पौधों से संग्रहण न करें।

प्राथमिक उपचार

1. पुष्प वृंत सहित शाखा को सूखाकर साफ कपड़े से झाड़कर बीजों को एकत्रित कर लेवें।
2. संग्रहित बीजों को धूप में सूखाकर पॉलीथीन लाईन जूट बोरे में भर कर नमी रहित स्थान पर भंडारित कर लेवें।

बाजार मानक

1. काले रंग का अपमिश्रण रहित बीज।
2. पूर्णतः सूखा (10% से कम)।

भंडारण काल – एक वर्ष

बाजार माँग – बाजार माँग अधिक है।

लाल गूंजा

(*Abrus precatorius*)

प्रजाति का नाम – लाल गूंजा

स्थानीय नाम – रत्ती

वानस्पतिक नाम – *Abrus precatorius* (L.)

फेमिली नाम – Leguminoseae (लेग्यूमिनोसी)

व्यापारिक नाम – गूंजा, रत्ती

उपयोगी भाग – बीज

स्वभाव – बेला

प्रमुख रासायनिक तत्व – इसमें Abrin A & Abtrin B, Gallic Acid, Abrine, Hypaphorine, Alanine, Serine, Valine, Choline, Trigonelline and Precatorine तत्व पाये जाते हैं।

उपयोग – लाल गूंजा के बीज का उपयोग कफ, चर्मरोग, वातरोग, कुष्ठ, ज्वर आदि रोगों की औषधियों में उपयोग किया जाता है।

पौध विवरण – यह बहुवर्षीय लता है, जो जंगलों में झाड़ियों के ऊपर लिपटी हुई देखी जा सकती हैं। इसकी पत्तियां इमली के पत्तों के समान संयुक्त होती है। शाखाओं पर गुलाबी रंग के पुष्प गुच्छों में लगे होते हैं। फलियाँ गुच्छों में लगी होती हैं। फल पकने पर फलियाँ पक कर फट जाती है तथा फलियों के शिरे पर लाल रंग के कठोर चमकीले सुंदर बीज दिखाई देते हैं।

संग्रहण क्षेत्र – बस्तर, बिलासपुर, दंतेवाड़ा, रायगढ़, सरगुजा, कोरिया वन मंडल।

संग्रहण काल – फरवरी–अप्रैल

संग्रहण विधि

1. शीतकाल के बाद इसके फल पककर तैयार हो जाते हैं तथा फलियाँ फटने लगती है। इसी समय इसका संग्रहण करें।
2. संग्रहण के समय पेड़ पर चढ़े बेल के नीचे कपड़ा फैलाकर रखें, इसके बाद शाखाओं को हिलाकर बीज एकत्रित कर लें।
3. ध्यान रखें मुख्य बेला को काटकर संग्रहण न करें तथा 10–40% फलियों को छोड़कर संग्रहण करें।

प्राथमिक उपचार

1. एकत्रित किये हुए बीज में से पत्तियाँ डंठल आदि को निकाल कर अलग कर लेवें।
2. इसके बाद बीज को धूप में सुखा लेवें।
3. सूखने के बाद जूट बोरे में पैक कर नमी रहित स्थान में भंडारण करें।

बाजार मानक

1. लाल रंग का स्वस्थ पूर्णतः सूखा बीज।
2. पूर्णतः सूखा (10% से कम)।

भंडारण काल – 2 से 3 वर्ष

बाजार माँग – बाजार माँग कम है।

शिकाकाई

(Acacia sinuata)

प्रजाति का नाम – शिकाकाई

स्थानीय नाम – चील, शिकाकाई

वानस्पतिक नाम – *Acacia sinuata* (Lour.) Merrk.

फेमिली नाम – Leguminoseae (लेग्यूमिनोसी)

व्यापारिक नाम – शिकाकाई

उपयोगी भाग – सूखा फल

स्वभाव – झाड़ी

प्रमुख रासायनिक तत्व – इसमें Saponin, Glucose, Arabinose & Arabinose आदि तत्व पाये जाते हैं।

संग्रहण क्षेत्र – सुकमा, बस्तर, दंतेवाड़ा वन मंडल।

संग्रहण काल – मार्च–अप्रैल

संग्रहण विधि

1. परिपक्व अवस्था में फली का रंग गहरे भूरे कत्थे रंग का हो जाता है। इस अवस्था में फलियों का संग्रहण करना चाहिये।
2. 10–25% फल्लीयों को पुनरूत्पादन हेतु छोड़कर बांस की सहायता से फलियों को तोड़ें।
3. संग्रहण के लिए शाखाओं को न काटें।

प्राथमिक उपचार

1. एकत्रित किये हुए फलियों से खराब फलियों को अलग कर लेना चाहिए।
2. अब इसे धूप में साफ जगह पर 2–3 दिन तक सुखा लेवें तथा पॉलीथीन लाईन जूट बोरे में भंडारण करना चाहिए।

बाजार मानक

1. कत्थे रंग का पूर्णतः सूखा बीज रहित फलियां।
2. बीज रहित।

भंडारण काल – एक वर्ष

बाजार माँग – बाजार माँग अधिक है।

सतावर

(Asparagus racemosus)

प्रजाति का नाम – सतावर

स्थानीय नाम – सतावर, दशमूल, सतावरी, छेदावरी

वानस्पतिक नाम – *Asparagus racemosus* (Willd.)

फेमिली नाम – Liliaceae (लिलियेसी)

व्यापारिक नाम – सतावार, दशमूल

उपयोगी भाग – कंद

स्वभाव – बेला

प्रमुख रासायनिक तत्व – इसमें Saponins, Sugar, Glycosides, Sitosterol, mucilage and starch तत्व पाये जाते है।

उपयोग – सतावार बहुवर्षीय आरोही लता है, जो लगभग 30 से 35 फुट तक लंबी हो सकती है। प्रायः मूल से इसकी कई लताऐं या शाखाएँ एक साथ निकलती हैं। इसके पत्ते काफी पतले तथा सुइयों जैसे नुकीले होते हैं, इनके साथ–साथ इनमें छोटे–छोटे काँटे भी लगे होते हैं। सितम्बर अक्टूबर माह में इन पर छोटे सफेद पुष्प गुच्छों में लगते हैं। पौधे के मूल स्तम्भ से सफेद ट्यूबर्स गुच्छों में निकलते हैं।

संग्रहण क्षेत्र – जगदलपुर, बीजापुर, दंतेवाड़ा, सुकमा, दक्षिण काण्डागांव, पूर्व सरगुजा, उत्तर सरगुजा, मरवाही, कटघेरा, धरमजयगढ़ वन मंडल।

संग्रहण काल – नवम्बर–दिसम्बर (जब लता पीली पड़ने लगे)

संग्रहण विधि

1. जब लता की पत्तियाँ पीली पड़कर झड़ने लगे या 12–16 माह के पश्चात् रसदार मांसल कंद का संग्रहण करने के लिये गैंती की सहायता से पौधे के आस–पास 1.2 से 2.0 फीट के क्षेत्र में जमीन को खोदकर पौधे को निकाल लें।
2. कम से कम 15–18 सेमी लम्बे, 2 सेमी मोटे कंद का संग्रहण करें। चूंकि कंद गुच्छों में होते हैं, अतः एक–एक करके कंदों को चाकू या तेज धार वाले औजार से काटकर निकाल लें, छोटे कंदो न काटें।
3. कंदों से मिट्टी को झड़ा कर साफ बैग में एकत्रित कर लेवें।
4. छोटे कंदों (डिस्क सहित) को वापस पुनरूत्वादन हेतु पूरे पौधे के साथ मिट्टी से ढंक देवें।

प्राथमिक उपचार

1. संग्रहित किये हुए कंद को सबसे पहले पानी से अच्छी तरह 2–3 बार धो लेवें।
2. तेज धार वाले चाकू की सहायता से कंद का छिलका निकाल लें। इसके बाद छीले हुए कंद को बीच से चीरा लगाकर पिथ (कंद के मध्य पाया जाने वाल रेशा) को निकाल लेवें तथा कंद के एक समान 4 से 6 इंच छोटे टुकड़ें कर लेवें।
3. 4–8 दिन तक छिले हुए कंदों को साफ एवं नमी रहित स्थान पर हल्की धूप में सूखायें।
4. पूरी तरह से सूखे हुए कंदो को ग्रेडिंग करने के बाद उच्च गुणवत्ता के पॉलीथीन बैग में भरकर नमी रहित स्थान में भंडारण हेतु रखें।

बाजार मानक

1. सफेद रंग का चमकदार रेशा रहित।
2. धूल–मिट्टी एवं नमी रहित (10% से कम)।

भंडारण काल – एक वर्ष

बाजार माँग – बाजार माँग बहुत अधिक है।

मालकांगनी

(*Celastris paniculatus*)

प्रजाति का नाम – मालकांगनी

स्थानीय नाम – पेंग, खुजुरी

वानस्पतिक नाम – *Celastrus paniculatus* (Willd.)

फेमिली नाम – Celastraceae (सिलस्ट्रेसी)

व्यापारिक नाम – मालकांगनी, ज्योतिष्मति

उपयोगी भाग – बीज

स्वभाव – बेला

प्रमुख रासायनिक तत्व – इसमें Sesquiterpene Alkaloids, Celapagine, Celapanigine and Celapanine तत्व पाये जाते हैं।

उपयोग – बीज का उपयोग व्यक्ति के दिमाग बढ़ाने, वातरोगों में, चर्मरोग एवं पक्षाघात के लिए किया जाता है तथा अन्य शिरा रोगों में काम आता है।

पौध विवरण – यह मिश्रित वन में पायी जाने वाली चौड़े पत्ते युक्त लम्बी बेल होती है, जो झाड़ियों एवं वृक्षों पर चढ़ी होती है तथा तने के शीर्ष पर मटर के समान गोल पीले रंग के छोट–छोटे फल गुच्छे में लगते हैं।

संग्रहण क्षेत्र – बस्तर, बिलासपुर, दंतेवाड़ा, दुर्ग, धमतरी, जशपुर, कोरबा, महासमुंद, रायगढ़, रायपुर, राजनांदगांव, सरगुजा वन मंडल।

संग्रहण काल – अक्टूबर–नवम्बर

संग्रहण विधि

1. पीले रंग के फल परिपक्व होकर बीज केसरिया रंग के हो जाते हैं, तब फलों का संग्रहण करना चाहिये।
2. संग्रहण के समय मुख्य बेल को छोड़कर फल लगे शाखाओं को काट लें।
3. 10–40% फल वाले शाखाओं को छोड़कर संग्रहण करें।

प्राथमिक उपचार

1. संग्रहित शाखाओं को स्वच्छ स्थान पर फैलाकर 4–5 दिनों तक धूप में सुखायें।
2. सूखे फलों को मसल कर छिलका अलग कर केसरिया रंग के बीजों को एकत्रित कर लेवें।
3. बीजों को एकत्रित करने के बाद एक बार फिर से छूप में सुखायें, सूखने के पश्चात् बीज कत्थे रंग का हो जाता है।
4. अब इसे उच्च गुणवत्ता के पॉलीथीन बैग में भरकर नमी रहित स्थान पर भंडारित करें।

बाजार मानक

1. कत्थई रंग का अपमिश्रण एवं नमी रहित बीज।

भंडारण काल – अधिकतम एक वर्ष

बाजार माँग – बाजार माँग अधिक है।

हडजोड़

(Cissus quadrangularis)

प्रजाति का नाम – हडजोड़

स्थानीय नाम – हरजुड़ी

वानस्पतिक नाम – *Cissus quadrangularis* Linn.

फेमिली नाम – Vitaceae (वाइटेसी)

व्यापारिक नाम – हडजोड़

उपयोगी भाग – तना

स्वभाव – बेला

प्रमुख रासायनिक तत्व – इसमें Tetracyclic triterpenoid, onocer-7-ene-3α, 21 β-diol And onocer-7 ene-3 β, 21α-diol β-sitosterol तत्व पाये जाते हैं।

उपयोग – हडजोड़ के तने का उपयोग टूटी हुई हड्डी को जोड़ने में किया जाता है एवं कृमि रोग के उचार में किया जाता है।

पौध विवरण – यह गांवों में बाड़ियों के किनारे पेड़ आदि पर चढ़ने वाली बेल है, जिसका तना चिकना हरे रंग का मांसल, चार कोने वाला तथा पर्व पर तना संकुचित होता है एवं पत्तियां त्रिकोणीय होती है। लाल कत्थे रंग के गोल रसदार फल गुच्छों में लगते हैं।

संग्रहण क्षेत्र – बस्तर, बिलासपुर, दंतेवाड़ा, धमतरी, कोरबा, रायगढ़, राजनांदगांव, कोरबा, सरगुजा, रायपुर वन मंडल, बीजापुर।

संग्रहण काल – फरवरी–मार्च

संग्रहण विधि

1. सामान्यतः यह पौधा वर्ष भर पाया जाता है परन्तु जनवरी से जून माह में अधिक संख्या में मिलता है।
2. सावधानी पूर्वक जमीन से 3–4 गांठ को छोड़कर सम्पूर्ण बेल का संग्रहण कर लेवें, ताकि पौध का पुनरूत्पादन हो एवं क्षेत्र के 10% बेलाओं का संग्रहण न करें।

प्राथमिक उपचार

1. संग्रहण के बाद एक साइज में तने को काट कर एकत्रित कर लेवें। तथा पत्तियों को निकाल कर अलग कर लें।
2. काटने के पश्चात् धूप में सूखायें।
3. पूर्णतः सूखने के पश्चात् जूट बैग में भर कर नमी रहित स्थान पर भंडारित करें।

बाजार मानक

1. पूर्णतः सूखा एवं पत्ता रहित।
2. मिलावट रहित (नमी 10% से कम)।

भंडारण काल – एक वर्ष

बाजार माँग – बाजार माँग औसत है।

गुड़मार

(*Cymnema sylvestre*)

प्रजाति का नाम – गुड़मार

स्थानीय नाम – गुड़मार

वानस्पतिक नाम – *Cymnema sylvestre* (Retz.)

फेमिली नाम – Sclepiadaceae (एक्सलपियाडेसी)

व्यापारिक नाम – गुड़मार

उपयोगी भाग – पत्ती

स्वभाव – बेला

प्रमुख रासायनिक तत्व – इसमें Anti sweet principle: gymnema saponins I-V, Gymnestrogenin, Gymnenic Acid तत्व पाये जाते है।

उपयोग – गुड़मार के पत्तों का उपयोग मधुमेह के नियंत्रण हेतु बनाई जाने वाली दवाइयों के लिए किया जाता है। साथ ही इसकी पत्तियां पेट दर्द में प्रयुक्त की जाती हैं।

पौध विवरण – यह मिश्रित वन में पायी जाने वाली सामान्य बेला है जिसकी पत्तियाँ भालाकार एवं पत्तियों पर छोटे–छोटे रोम पाये जाते हैं। तने का रंग हल्की लालिमा लिये हुए एवं पीले रंग के फूल लगे होते हैं।

संग्रहण क्षेत्र – सुकमा, बस्तर, बिलासपुर, रायपुर, कटघोरा वन मंडल।

संग्रहण काल – अक्टूबर–दिसम्बर

संग्रहण विधि

1. ऊपर से नयी पत्तियों को छोड़कर बेला को बिना क्षति पहुंचाएँ, पत्तों को सावधानी से तोड़े। 10% बेलाओं को छोड़कर शेष बेलाओं से पत्तियों का संग्रहण करें।
2. एक पौध पर न्यूनतम 20% पत्ते रहने दे।

प्राथमिक उपचार

1. अनावश्यक डंठल एवं खराब पत्तियों की छँटाई कर अलग कर ले।
2. एकत्रित किये गये पत्तों को साफ स्थान पर रखकर छाँव में सुखाएँ।
3. 4–5 दिन के उपरान्त जब पत्ते अच्छी प्रकार से सूख जायें तब इन्हें उच्च गुणवत्ता के पॉलीथीन बैग में भर कर नमी रहित स्थान में भंडारित किया जाए।

बाजार मानक

1. हरे भूरे रंग का अपमिश्रण रहित।
2. पूर्णतः सूखा हुआ (नमी 10% से कम)।

भंडारण काल – अधिकतम एक वर्ष।

बाजार माँग – बाजार माँग बहुत अधिक है।

अनंतमूल

(Hemidesmus indicus)

प्रजाति का नाम – अनंतमूल

स्थानीय नाम – खपरीजड़ी, पित वेला, सुगंधी जड़ी

वानस्पतिक नाम – *Hemidesmus indicus* (L.) R.Br.

फेमिली नाम – Sclepiadaceae (एक्सलपियाडेसी)

व्यापारिक नाम – अनंतमूल

उपयोगी भाग – जड़

स्वभाव – बेला

प्रमुख रासायनिक तत्व – इसमें Essential oil : P-methoxy salicylic Aldehyde, β-sitosterol and α-amyrins, Lupeol, Tetracyclic triterpene Alcohols, Tannins and Saponins तत्व पाये जाते हैं।

उपयोग – अनंतमूल की जड़ का उपयोग ज्वर, त्वचा रोग, भूख न लगना, श्वेत प्रदर, रक्त विकार तथा मूत्र रोगों से संबंधित विकारों की औषधि बनाने में किया जाता है।

पौध विवरण – यह एक बहुवर्षीय आरोही पौधा होता है, जो मिश्रित वन में पाया जाता है। इसकी मूल कड़ी एवं सुगंधित होती है। पत्तियों का आकार भालाकार एवं संकरा होता हैं। पत्तों पर पायी जाने वाली शिरा सफेद रंग की होती है। फूल अत्यन्त छोटे एवं गुच्छों में लगे होते हैं। दो फल एक साथ लगते हैं, बीज छोटे एवं काले होते हैं।

संग्रहण क्षेत्र – बस्तर, बिलासपुर, दंतेवाड़ा, दुर्ग, कांकेर, कोरबा, महासमुंद, रायगढ़, रायपुर, राजनांदगांव वन मंडल।

संग्रहण काल – नवम्बर–दिसम्बर।

संग्रहण विधि

1. नवम्बर–दिसम्बर माह जड़ संग्रहण के लिए सबसे उपयुक्त समय होता है, क्योंकि इस समय जमीन आसानी से खोदा जा सकता है।
2. पौधे के चारो ओर कम से कम 1.5 से 2.0 फीट के क्षेत्र को कुदाल से खोदकर अधिकतम 30 सेमी. लम्बी एवं 1 सेमी. मोटी जड़ को खोदकर निकाल लेवें। इसके जड़ में कपूर की तरह खुशबू होती है
3. शेष जड़ को पौधे सहित पुनः मिट्‌टी से ढंक देवें, जिससे अनुकूल परिस्थिति मिलने पर पुनः नया पौधा उत्पन्न होगा।
4. क्षेत्र के 20% पौधे से संग्रहण न करें।

प्राथमिक उपचार

1. संग्रहित किये गये पौधे से जड़ को अलग कर लेवें
2. जड़ों को अच्छी तरह साफ पानी से धोकर 1.5 से 2 इंच के टुकड़ों मे काट लेवें।
3. इसके पश्चात् जड़ों 6–7 दिन तक कड़क धूप में स्वच्छ स्थान पर सुखावें।
4. सूखने के बाद साफ जूट बैग में भर कर नमी रहित स्थान पर भंडारित करें।

बाजार मानक

1. न्यूनतम 1 सेमी. मोटा।
2. 2 इंच टुकड़ों में कटा हुआ जड़।
3. नमी रहित (नमी 10% से कम)।

भंडारण काल – एक वर्ष

बाजार माँग – बाजार माँग बहुत अधिक है।

केवांच

(Mucuna pruriens)

प्रजाति का नाम – केवांच

स्थानीय नाम – केवाच, कौंच, खजोहरा

वानस्पतिक नाम – *Mucuna pruriens* (L.)

फेमिली नाम – Leguminoseae (लेग्यूमिनोसी)

व्यापारिक नाम – केवाच

उपयोगी भाग – बीज

स्वभाव – बेला

प्रमुख रासायनिक तत्व – इसमें Minerals : calcium, phosphorus, iron, sulphur & manganese, dihydroxyphenylanine, lecithin & glucoside तत्व पाये जाते हैं।

उपयोग – इसके बीजों का उपयोग कृमिनाशक, नाड़ी दौर्बल्य, वातव्याधि एवं शक्तिवर्धक के रूप में उपयोग किया जाता है।

पौध विवरण – सेम की बेल की जैसा दिखने वाला पौधा है। इसके पौधे पर रोम पाया जाता है। इसमें गुलाबी रंग के फूल गुच्छे में लगे होते हैं फलियाँ भूरे रंग की एवं रोम से ढंकी होती हैं। इसके तार पर लगी रोम से खुजलाहट होती है। बीज चमकीले काले रंग के व स्वाद कड़वा होता है।

संग्रहण क्षेत्र – बस्तर, बिलासपुर, दंतेवाड़ा, कर्वधा, रायपुर वन मंडल, बीजापुर।

संग्रहण काल – फरवरी–अप्रैल

संग्रहण विधि

1. जब फलियाँ पक कर भूरे रंग से काले रंग का हो जाता है, फलियों को तोड़ने का यह उपयुक्त समय हैं।
2. फलियों को तोड़ते समय हाथ में दस्ताने पहनकर या गोबर के घोल का लेप करने से खुजली से बचा जा सकता है।
3. 10% फलियों को छोड़ कर बाकी को तोड़ लेवें।

प्राथमिक उपचार

1. संग्रहण के बाद फलियों को 2–3 दिन तक छूप में सूखावें।
2. सूखाने के बाद फलियों पर हल्का प्रहार करके बीज को निकाल लेवें
3. इसके बाद बीज को एक बार फिर सूखा लेवें।
4. सूखने के बाद साफ जूट बोरे में नमी रहित स्थान पर भंडारित करें।

बाजार मानक

1. स्वस्थ परिपक्व पूर्णतः सूखा बीज।
2. अपमिश्रण रहित।

भंडारण काल – एक वर्ष

बाजार माँग – बाजार माँग बहुत है।

बिदारी कंद

(Pueraria tuberosa)

प्रजाति का नाम – बिदारी कंद

स्थानीय नाम – वन कुम्हण्डा, भुई कुम्हण्डा, पाताल कुम्हण्डा, बिदारी कंद

वानस्पतिक नाम – *Pueraria tuberosa* (Roxb. ex Willd.) DC

फेमिली नाम – Leguminoseae (लेग्यूमिनोसी)

व्यापारिक नाम – बिदारी कंद, पाताल कुम्हण्डा

उपयोगी भाग – कंद

स्वभाव – बेला

प्रमुख रासायनिक तत्व – इसमें Carbohydrates, Crude fibre, Crude protein, β-Sitosteral, Sucrose, slucose & fructose तत्व पाये जाते है।

उपयोग – कंद का उपयोग खाने में एवं शक्तिवर्धक टॉनिक बनाने में किया जाता है।

पौध विवरण – बहुत तेजी से फैलने वाली मोटी बेल है, जो मिश्रित वन में बहुतयात में पाया जाता है। इसके कंद माला की तरह गुंथे हुए होते हैं। फूल गुलाबी रंग के होते हैं।

संग्रहण क्षेत्र – बस्तर, बिलासपुर, जशपुर, कोरबा, महासमुंद, रायपुर, सरगुजा वन मंडल

संग्रहण काल – फरवरी–अप्रैल

संग्रहण विधि

1. बेल के पत्ते सूखने लगते हैं, इस समय जमीन के अंदर कंद का विकास पूरा हो चुका होता है, अतः यह कंद संग्रहण करने के लिए उत्तम समय होता है।
2. कंदों को सावधानी से खोदकर निकाल लें।
3. इसके कंद बेला के मुख्य गांठ के बाद एक नियमित अंतराल में उपलब्ध होता है। आखिरी कंद अत्यंत गहरी जमीन पर रहती है।
4. कंद क्षेत्र को पहचानने के लिए बेल के आसपास के क्षेत्र में गैंती से जमीन पर मारकर आवाज सुनते हैं। कंद वाले स्थान पर अलग प्रकार से आवाज आती है तो और उस स्थान को खोदने पर यदि कंद मिलता है तो उसे निकालने का प्रयास करना चाहिए।
5. इस बात का ध्यान रखे कि पौधे से लगे प्रथम कंद को छोड़कर शेष कंद का निकालना है। जिससे उनका पुनरूत्पादन हो सकें।
6. जिस क्षेत्र में संग्रहण किया जाता है आगामी 2–3 वर्ष तक पुनः संग्रहण न करें।

प्राथमिक उपचार

1. कंदों को जमीन से निकालने के बाद 3 से 4 बार अच्छी तरह धोकर साफ कर लें। उसके बाद कंदो को उबाल लें।
2. इसके बाद छील कर छोटे टुकड़े कर छांव में सुखायें।
3. पूरी तरह सूखने के बाद वायुरहित उच्च्व गुणवत्ता के पॉलीथीन बैग में भंडारित करें।

बाजार मानक

1. सफेद छिल्का रहित पतला कटा हुआ।
2. स्वच्छ एवं फंगस रहित।

भंडारण काल – अधिकतम 6 माह

बाजार मांग – बाजार माँग अधिक है।

बैचांदी

(Dioscorea hispida)

प्रजाति का नाम – बैचांदी

स्थानीय नाम – बैचांदी

वानस्पतिक नाम – *Dioscorea hispida* Dennst.

फेमिली नाम – Dioscoreaceae (डायस्कोरेसी)

व्यापारिक नाम – बैचांदी

उपयोगी भाग – कंद

स्वभाव – बेला

प्रमुख रासायनिक तत्व – इसमें Dioscorine, Carbohydrates, Fibre, Fat, Starch तत्व पाये जाते है।

उपयोग – कंद का उपयोग खाने में किया जाता है।

पौध विवरण – यह पहाड़ी क्षेत्र एवं मिश्रित वनों में पाई जाने वाली बेला है। इसकी पत्तियों त्रिपत्रीय होती है। इसकी पत्तियों के अक्ष में लटकते हुए पुष्प गुच्छ लगे होते हैं।

संग्रहण क्षेत्र – बस्तर, बिलासपुर, जशपुर, कोरबा, महासमुंद, रायपुर, सरगुजा वन मंडल

संग्रहण काल – दिसंबर–जनवरी

संग्रहण विधि –

1. बेला से पत्तियाँ झड़ने लगती है इस अवस्था में कंद का संग्रहण करना उपयुक्त होता है।

2. बेला से लगे प्रथम कंद को छोड़कर शेष कंद को निकालना है। जिससे उनका पुनरूत्पादन हो सके।
3. जिस क्षेत्र में संग्रहण किया जाता है अगामी 2–3 वर्ष तक पुनः संग्रहण न करें।

प्राथमिक उपचार

1. संग्रहित कंद को धोकर सीधे विक्रय हेतु उपयोग किया जा सकता है
2. कंद से चिप्स तैयार करने के लिए धुले हुए कंद को छील कर निम्नानुसार प्रसंस्करण किया जाता है –
    - छिले हुए कंद से पतले–पतले स्लाईस तैयार कर सर्वप्रथम अच्छी तरह से धोया जाता है।
    - धुले हुए स्लाईस को 10 मिनट तक उबाला जाता है।
    - उबले हुए स्लाईस को बड़े बर्तन में रखकर लगातार बहते हुए जल के सम्पर्क में लगभग 12 घंटे के लिए रखते है। तत्पश्चात् स्लाईस को धूप में सुखाया जाता है।
    - पूर्णतः सूखा हुआ चिप्स दूधिया सफेद रंग का होता है।
    - तैयार चिप्स को फूड ग्रेडेड पॉलिथिन बैग में भंडारित किया जाता है।
    - पूरी तरह सूखने के बाद वायुरहित उच्च गुणवत्ता के पॉलीथीन बैग में भंडारित करें।

बाजार मानक

1. सफेद, स्वच्छ एवं अपमिश्रण रहित।

भंडारण काल – अधिकतम 6 माह

बाजार माँग – बाजार माँग मध्यम है।

गिलोय

(Tinospora cordifolia)

प्रजाति का नाम – गिलोय

स्थानीय नाम – गिलोय, गुड़ची, गुलबेल

वानस्पतिक नाम – *Tinospara cordifolia* Miers.

फेमिली नाम – Meninspermaceae (मेनीस्पमेर्सी)

व्यापारिक नाम – गिलोय, गुड़ची

उपयोगी भाग – तना

स्वभाव – बेला

प्रमुख रासायनिक तत्व – इसमें Tinosporine, Columbin, Chasmanthin, Palmarin, Berberine, Tinosporon, Tinosporon, Tinosporon, Tinosporic acid, Tinosporol, Giloin and Giloinisin, β-sitosterol तत्व पाये जाते है।

उपयोग – गिलोय पौष्टिक होता है, तने का उपयोग बुखार, कुष्ट, वात, पीलिया, दस्त, कृमि, ह्रदय दौर्बल्य, कफ, मधुमेह, शुक्रदौर्बल्य, क्षय, चर्मरोग, जीर्ण ज्वर तथा विषम ज्वर, मूत्र संबंधी रोगों में किया जाता है।

पौध विवरण – यह मुख्यतः घने जंगलों में पायी जाने वाली लता है, जो बड़े वृक्षों पर लिपटी होती हैं। बरगद की तरह इसकी शाखाओं में से अनेक जड़ें फूटकर नीचे लटक जाती हैं। शाखाओं पर अनेक छोटी सफेद ग्रंथियाँ होती हैं। पत्ते 5–10 सेमी. लंबे, अंडाकार होती है। फूल बहुत छोटे होते हैं। फल गोल लाल रंग के होते हैं।

संग्रहण क्षेत्र – बस्तर, सरगुजा, धरमजयगढ़ वन मंडल, समस्त छत्तीसगढ़।

संग्रहण काल – फरवरी–अप्रैल

संग्रहण विधि

1. जब तने की मोटाई 2 सेमी. या अंगूठे की मोटाई का हो जायें तथा तने का रंग हरे से मटमैला सफेद रंग का हो जाए, तब इसका संग्रहण किया जाना चाहिए।
2. अंगुली से मोटे तने का संग्रहण नहीं किया जाए क्योंकि ये औषधी हेतु उपयुक्त नहीं होते हैं। तने को तेज धार वाली चाकू से काटकर संग्रहित कर लेवें।
3. 10% बेलों को छोड़कर तने संग्रहित करें तथा ध्यान रखे कि पतले तने को नुकसान न हो।
4. गिलोय बेला उपरिरोही (Epiphyte) है। अर्थात् किसी भी मातृ वृक्ष पर निर्भर रहते हैं, तथा यह बेला मातृ वृक्ष को काई नुकसान नही पहुंचाता है।

प्राथमिक उपचार

1. एकत्रित किये हुये ताजा तने को 1 से 2 इंच टुकड़े में काट लेवें।
2. अपरिपक्व, अवांछनीय, खराब तनों को अलग कर निकाल लेवें।
3. टुकड़ों को तेज छूप में अच्छी तरह से फैलाकर सुखा लेवें। इस तने को सूखने में अधिक समय लगता है (15–20 दिन से अधिक)।
4. सूखाने के बाद जूट बैग में एकत्रित कर नमी रहित स्थान में भंडारित किया जावें।
5. ध्यान रखे कि छोटे टुकड़े में कटे तनों के भंडारण और परिवहन में आसानी होती है।

बाजार मानक

1. 2 सेमी. मोटा या अंगूठे की मोटाई का तना (इससे ज्यादा मोटा उपयुक्त नही है)।

2. 2 इंच टुकड़ों में कटा हुआ।

3. भूरे रंग का सख्त, पूर्णतः सूखा हुआ (नमी 10% से कम)।

भंडारण काल – एक वर्ष

बाजार माँग – बाजार माँग बहुत अधिक है।

माहुल पत्ता

(*Bauhinia vahlii*)

प्रजाति का नाम – माहुल पत्ता

स्थानीय नाम – माहुल पत्ता, मौहलाईन, सियाड़ी

वानस्पतिक नाम – *Bauhinia vahlii* Wight & Arnott.

फेमिली नाम – Leguminoseae (लेग्यूमिनोससी)

व्यापारिक नाम – माहुल पत्ता

उपयोगी भाग – पत्ता

स्वभाव – बेला

उपयोग – यह साल एवं मिश्रित वन में पायी जाने वाली बेला है। इसके पत्ते गोलाकार डंठल मुक्त दो पाली में बँटे हुये होते हैं। वृक्ष पर बहुत सुंदर सफेद रंग के पुष्प शीर्ष पर लगते हैं।

संग्रहण क्षेत्र – उदंती, धमतरी, बिलासपुर, मरवाही, धरमजयगढ़, उत्तर सरगुजा, दक्षिण सरगुजा, मनेन्द्रगढ़, जशपुर, रायपुर, कवर्धा, कटघोरा, कोरिया वन मंडल

संग्रहण काल – वर्ष में दो बार –

प्रथम संग्रहण काल सितम्बर से जनवरी – बड़े पत्ते प्राप्त होंगे। (अधिक मात्रा में प्राप्त होगा)

द्वितीय संग्रहण काल मई से जून के मध्य–छोटी पत्ते प्राप्त होंगे। (सीमित क्षेत्रों में कम मात्रा में प्राप्त होगा)

संग्रहण विधि

1. बेला से परिपक्व गाढे हरे रंग के पत्ते का संग्रहण करें।

2. उत्तम गुणवत्ता वाली स्वस्थ पत्तियों को धारदार चाकू की सहायता से काट लेवें।

3. संग्रहण करते समय बेला को नुकसान न पहुचाएँ।

प्राथमिक उपचार

1. संग्रहण के बाद पत्ते को रस्सी से बांधकर गठ्ठे तैयार कर साफ स्थान पर धूप में सूखाये या संग्रहित पत्तों को रस्सी में माला के जैसे पिरोकर धूप में सुखावें।

2. शीत ऋतु में पत्तों को ओस से बचाव के लिये शाम को पॉलीथीन से ढंक कर रखें या पत्तों को छाया वाले स्थान पर रखें। ऐसा करने से पत्ते काले नही पड़ते हैं।

3. बंडल बनाने के पूर्व खराब, छोटे पत्ते को अलग कर लेवें।

4. पूर्णतः सूखे एवं अच्छी गुणवत्ता के माहुल पत्ते को 40–45 कि.ग्राम के बंडल बना कर भंडारित करें।

5. यह ध्यान रखें कि बंडल में आधा पत्ता सीधा एवं आधा उल्टा रखकर जमाये, इससे पत्ते की क्षति नहीं होगी।

6. बंडल में पैंकिंग किया हुआ स्वच्छ माहुल पत्ते को नमी रहित स्थान पर भंडारित करें।

प्रसंस्करण – सूखे स्वस्थ माहुल पत्ते को सिलाई मशीन की सहायता से 16", 14", 12" तथा 10" साईज का सादा पत्तल तैयार कर विक्रय कर सकते हैं। इसको लेमिनेटेड पेपर के साथ मोल्डिंग मशीन की सहायता से मोल्डेड पत्तल एवं दोना तैयार कर सकते हैं। बाजार में 8", 7", 6" तथा 5" साईज के दोना की माँग होती है। पतल–दोना निर्माण से अतिरिक्त आय प्राप्त हो सकती है।

बाजार मानक

1. प्रथम ग्रेड हरे रंग का सूखा दाग रहित पत्ता।

2. द्वितीय ग्रेड नम एवं हल्का भूरा पत्ता

भंडारण काल – एक वर्ष

बाजार माँग – बाजार माँग बहुत अधिक है।

नागरमोथा

(Cyperus rotundus)

प्रजाति का नाम – नागरमोथा

स्थानीय नाम – मोथा

वानस्पतिक नाम – *Cyperus rotundus* (L.)

फेमिली नाम – Cyperaceace (साइप्रेसी)

व्यापारिक नाम – मोथा

उपयोगी भाग – जड़

स्वभाव – घास

प्रमुख रासायनिक तत्व – इसमें Essential oil, Cyperene, Cyperol, A-Cyperone, Cineol and L-a pinene तत्व पाये जाते है।

उपयोग – जड़ का उपयोग पाचन शक्ति बढ़ाने में, आमवात, गठियावात आदि रोगों में बहुत उपयोगी है साथ ही अगरबत्ती बनाने में भी किया जाता है।

पौध विवरण – इसकी बहुवर्षीय, तृणजातीय, घास लगभग 1–3 फुट तक ऊंची होती है। पत्तियाँ लम्बे पतले भूमिगत कंद से निकलते हैं। भूमिगत कंद में आधा इंच व्यास के अंडाकार सुगन्धित बाहर से पीत वर्ण के परन्तु अंदर से श्वेत वर्ण के अनेक कंद लगे रहते हैं।

संग्रहण क्षेत्र – बस्तर, बिलासपुर, दंतेवाड़ा, धमतरी, कोरबा, रायगढ़, राजनांदगांव, कोरबा, सरगुजा, रायपुर, महासमुंद वन मण्डल।

संग्रहण काल – नवम्बर–दिसम्बर

संग्रहण विधि

1. जड़ के परिपक्व होने की स्थिति में पत्ते सूखने लगते हैं। इस समय जड़ को 1.5–2 फीट चौड़ाई एवं गहराई में खोदकर निकाल लेवें।
2. छोटी जड़ को पुनरूत्पादन के लिए जमीन में फिर से दबा देना चाहिए।
3. नागरमोथा के पुनरूत्पादन में 3 वर्ष का समय लगता है। अतः इसके संग्रहण क्षेत्र को तीन भाग में बांटकर प्रत्येक वर्ष एक भाग में संग्रहण किये जाने से नागरमोथा की निरन्तर उपलब्धता सुनिश्चित होगी।

प्राथमिक उपचार

1. संग्रहण के बाद जड़ को रेत के ऊपर सूखे पत्तों से ढंककर 10–15 मिनट तक डंडे की मदद से उलट–पलट कर जलाए, ऐसा करने से जड़ के रेशे और छिलके निकलकर अलग हो जाते हैं।
2. जड़ों को छूप में 7–10 दिन तक रेत में सुखाएँ।
3. एकत्रित किये गये जड़ को 1.5 से 2 इंच एक साईज में काट लेवें।
4. सूखे हुए जड़ों को उच्च गुणवत्ता के पॉलीथीन बैग में भरकर नमी रहित स्थान में भंडारित करें।

बाजार मानक

1. 1.5 से 2 इंच टुकड़ों में कटा हुआ काले रंग का रेशा रहित।
2. पूर्णतः सूखा हुआ (नमी 10% से कम)।

भंडारण काल – एक वर्ष

बाजार माँग – बाजार माँग बहुत अधिक है।

शहद
(Honey)

प्रजाति का नाम – शहद

स्थानीय नाम – शहद, मधुरस

वानस्पतिक नाम – Honey (*Apis dorsata* / *Apis floria*)

फेमिली नाम – Cyperaceace (साइप्रेसी)

व्यापारिक नाम – शहद

उपयोगी भाग – शहद / मोम

स्वभाव – तरल (Liquid)

उपयोग – औषधीय गुण होने के कारण इसका उपयोग आयुर्वेदिक दवाईयों में किया जाता है। साथ ही विभिन्न प्रकार के पेय पदार्थ इससे बनाये जाते हैं।

पौध विवरण – शहद छत्ते पत्थर के चट्टान के ऊपर या सेमल जैसे पेड़ के उपर पाया जाता है। इसके साथ छोटी मक्खी का शहद भी रहता है।

संग्रहण क्षेत्र – दंतेवाड़ा, सुकमा, बीजापुर, जगदलपुर, उत्तर कोण्डागांव, पूर्व भानुप्रतापपुर, पश्चिम भानुप्रतापपुर, पूर्व उदंती, धमतरी, महासमुंद, राजनांदगांव, बिलासपुर, मरवाही, धरमजयगढ़, दक्षिण सरगुजा, मनेन्द्रगढ़, जशपुर, खैरागढ़, कवर्धा, कटघोरा, कोरिया वन मंडल।

संग्रहण काल – वर्ष में दो बार –

मई–जून (शहद में नमी की मात्रा कम होती है)।

नवम्बर–दिसम्बर (शहद में नमी की मात्रा ज्यादा होती है)।

संग्रहण विधि – परम्परागत विधि में रात को छत्ते के नीचे आग लगाकर पूरे छत्ते को नष्ट करते हुए शहद निकाला जाता है किन्तु इस विधि में संग्रहण नही करना है। इसके स्थान पर उन्नत विध से संग्रहण किया जाना है। छत्ते के ऊपरी भाग में ही शहद रहता है। अतः डंक प्रूफ ड्रेस पहनकर छत्ते में शहद रहने वाले भाग पर पानी से स्प्रे करें। तत्पश्चात् हाथ से (दस्ताना पहनकर) मक्खी हटावें। चाकू से शहद वाले भाग को काटकर जमीन पर लावें। इस भाग को लंबा चीरा लगाने से शहद को आसानी से बर्तन में संग्रहित किया जा सकता है। ऐसा करने से मधुमक्खी मरेगी नहीं, साथ ही मक्खियाँ कटे हुए छत्ते का पुनः निर्माण कर शहद उत्पादन कर सकेगी।

प्राथमिक उपचार

1. लालच में आकर गुड़ आदि अन्य पदार्थ इसमें न मिलाए अन्यथा इसकी गुणवत्ता में कमी आकर बिक्री में समस्या आयेगी।
2. संग्रहण के बाद शहद को साफ कपड़े से छान कर स्टील या फुड ग्रेड प्लास्टिक कंटेनर में बंद करके कम तापमान वाले कमरे में भंडारित करें। शहद को शीघ्रातिशीघ्र अर्थात् 7–15 दिन के भीतर शहद प्रसंस्करण केन्द्र तक पहुंचाएँ अन्यथा शहद की गुणवत्ता खराब होने की संभावना होती है।

बाजार माँग

1. लाल रंग का गाढ़ा।
2. स्वच्छ एवं अपमिश्रण रहित।
3. नमी की मात्रा (25% से कम)

बाजार माँग – बाजार माँग बहुत अधिक है।

Specification for Honey

SN.	Parameter	ISI Specification for std grade	PFA Specification
1	Colour/Appearance	Light to dark brown, should be free from foreign matter such as mould dirt, scum pieces of bees wax, fragments of bees and other insects and other extraneous matter	Light to dark brown, should be free from foreign matter such as mould dirt, scum pieces of bees wax, fragments of bees and other insects and other extraneous matter
2	Specific gravity at 27°C	Min 1.37	NLT 1.35
3	Moisture % mass	NMT 25	NMT 25
4	Total reducing sugars Min	Min 65	Min 65
5	Sucrose % mass	Max 5.0	Max 5.0
6	Fructose glucose ration Min	1	NLt 0.95
7	Ash % mass	NMT 0.5	NMT 0.5
8	Acidity as formic acid	Max 0.2	Max 0.2
9	Fiehe's Test	Negative	Negative
10	Hydroxy methyl furfural HMF mg/kg	Max 80	Max 80
11	Optical Density at 660 nm % Microbial parameters	Max 0.3	Na
12	Yeast and mould	NMT 100 count/gm	

लाख

(Lac)

प्रजाति का नाम – लाख

स्थानीय नाम – लाख

व्यापारिक नाम – लाख

उपयोग – सौन्दर्य प्रसाधन, इलेक्ट्रॉनिक, चूड़ियाँ, पेन्ट, वारनिस आदि बनाने में उपयोग किया जाता है।

स्वभाव – लाख एक प्राकृतिक राल है। यह लाख पोषक वृक्ष जैसे कि कुसुम, पलाश, बेर आदि पर होते हैं।

संग्रहण क्षेत्र – दंतेवाड़ा, सुकमा, बीजापुर, जगदलपुर, उत्तर कोण्डागांव, कांकेर, नारायणपुर, दक्षिण कोण्डागांव, पूर्व भानुप्रतापपुर, पश्चिम भानुप्रतापपुर, पूर्व रायपुर, उदंती, धमतरी, महासमुंद, दुर्ग, राजनांदगांव, बिलासपुर, मरवाही, धरमजयगढ़, उत्तर सरगुजा, दक्षिण सरगुजा, पूर्व सरगुजा, मनेन्द्रगढ़, जशपुर, कोरबा, रायगढ़, खैरागढ़, कवर्धा, कटघोरा, कोरिया।

संग्रहण काल – कुसुमी लाख – जनवरी–फरवरी एवं जून–जुलाई

रंगनी लाख – अक्टूबर–नवम्बर एवं मई–जून

संग्रहण – कीट निकलने के बाद बीहन लाख की डंडी से लाख को उतारा जाता है, जिसे फूंकी लाख कहते हैं, बीहन लाख लगाने के 21 दिन के बाद फूंकी उतारी जाती है।

लाख कीट – लाख कीट (*Laccifera lacca*) की भारत में पाई जाने वाली नस्ल (*Kerria lacca*) की दो प्रजातियाँ हैं, जिन्हें कुसुमी

और रंगीनी के नाम से जाना जाता है। प्रत्येक प्रजाति से वर्ष में दो फसलें ली जाती है।

लाख कीट के – कुसुमी (कुसुम, बेर, खैर एवं सेमियालता आदि)।

पोषक वृक्ष – रंगीनी (पलाश, आकाशमनी एवं पीपल आदि) कुसुमी लाख रंगीनी की तुलना में उत्तम गुणवत्तायुक्त होता है।

लाख खेती – लाख के कीट कोमल टहनियों पर बैठते हैं, अतः अधिक से अधिक शाखाओं की उपलब्धता के लिए पोषक वृक्षों की कटाई–छंटाई करना आवश्यक होता है

बीहन लाख लगाना – नई नरम शाखाऐं निकलने के बाद वृक्षों पर उचित मात्रा में बीहन लाख बांधा जाता है। तथा कीट संचरण हेतु वृक्ष को छोड़ दिया जाता है।

फूंकी उतारना – कीट संचरण के 21 दिनों तक बीहन लाख से लगभग सारे कीट बाहर निकल आते हैं तथा शेष ब्रुड लाख फूंकी के नाम से जाना जाता है। इसे वृक्षों से अलग कर बिक्री करते हैं, जिसे फूंकी उतारना कहते हैं।

दुश्मन कीट एवं रोगों से बचाव समय–समय पर फसल को दुश्मन कीट एवं रोगों से सुरक्षित रखने के लिए विभिन्न प्रकार के कीटनाशक/कवकनाशी का छिड़काव करना चाहिए।

बीहन लाख कटाई–कीट संचारण से लगभग छः माह (प्रत्येक प्रजाती हेतु समय अलग–अलग होते हैं) के पश्चात् लाख परिपक्व रूप में प्राप्त होता है। उचित समय पर कीट निर्गमन प्रारम्भ होने के पूर्व इसकी कटाई कर ली जाती है।

स्टिक लाख काटना – लाख को शाखाओं सहित काटने से प्राप्त लाख स्टिक लाख कहलाता है इसे इसी रूप में भी विक्रय किया जा सकता है।

छिली लाख तैयार करना – स्टिक लाख से लाख परत को औजार के माध्यम से छिलकर अलग कर दिया जाता है। प्राप्त लाख छिली लाख कहलाता है। इस लाख को इसी रूप में विक्रय किया जाता है तथा इसका उपयोग सीड लाख बनाने में किया जाता है।

लाख प्रसंस्करण – छिली लाख को ग्रेडिंग के पश्चात् कास्टिक सोड़े से धोया जाता है। तत्पश्चात् सुखाकर पुनः ग्रेड किया जाता है। इसके पश्चात् इसका उपयोग चपड़ा लाख, ब्लीच लाख इत्यादि बनाने में किया जाता है।

बाजार माँग – बाजार माँग बहुत अधिक है।

रूद्राक्ष

(*Elaeocarpus jainitrus*)

यह एक मध्यम कद का वृक्ष होता है जो हिमालय के तलहटी में नेपाल और भूटान की तरफ विशेष रूप से पैदा होता है। इसके फूलो के माला बनाकर तमाम शिवभक्त और साधु सन्त पहनते हैं। परन्तु अब नेपाल, भूटान ही नहीं हमारे छत्तीसगढ़ राज्य के ग्राम भैरमगढ़ जिला बीजापुर में भी रूद्राक्ष का पेड़ दिखाई दे रहा है यहां पर 21 पौधे रूद्राक्ष के रोपे गए हैं। इसमें फल आना आरम्भ हुआ है इसमें भी एक मुखी से लेकर ग्यारह मुखी तक के रूद्राक्ष के दाने मिले हैं।

गुण दोष और प्रभाव आयुर्वेदिक मल से रूद्राक्ष खट्टा गरम वायु को नष्ट करने वाला कफ निस्सारक शिर दर्द को नष्ट करने वाला और भूत बाधा तथा ग्रहबाधा को दूर करने वाला होता है लेकिन इसका कोई वैज्ञानिक प्रमाण नहीं है कि यह ग्रह बाधा, भूतबाधा को दूर करता हो। रूद्राक्ष भारत में 80% नकली मिलता है।

जिस प्रकार हैजे की मौसम में तांबे की पते की टिकड़ियां शरीर पर धारण करने से हैजा होने का डर नहीं रहता और जिस प्रकार प्लेग के मौसम में पपीते (Strychnoaignati) की माला धारण करने से प्लेग होने का भय कम हो जाता है उसी प्रकार चेचक बोदरी और अड़बड़ा के मौसम में रूद्राक्ष की माला धारण करने से इन बीमारियों का आक्रमण होने का डर नहीं रहता। इसलिये एक ऐसी माला को तांबे के तार में पपीते के बीज और रूद्राक्ष के फलों से बनाई हुई हो प्रतिदिन गले में पहनी जाय तो हैजा, शीतला, बोदरी इत्यादि रोगों के हमले का भय बहुत कम हो जाता है।

योगी लोगों का कथन है कि रूद्राक्ष की माला धारण करने से मनुष्य शरीर का प्राणतत्व अथवा विद्युत शक्ति नियमित होती है और इसलिये इस माला को धारण करने से कई प्रकार के शारीरिक तथा

उन्माद, अपस्मार भूतबाधा, प्रेतबाधा ग्रहबाधा इत्यादि मानसिक रोग भी रुक जाते हैं।

इसके सिवा इस वनस्पति में महत्वपूर्ण कफ निवारक गुण भी पाया जाता है। इस गुण की वजह से बालकों की छाती में अगर कफ अधिक चिपक गया हो और किसी औषध से नहीं खुलता हो और उसकी वजह से आक्षेप, धनुर्वात इत्यादि के लक्षण पैदा हो और बालक के जीवन की आशा छोड़ दी गई हो तो ऐसे समय में रूद्राक्ष के दो–तीन दाने लेकर उनको बारीक पीसकर शहद के साथ मिलाकर पांच पांच मिनट के अन्तर से थोड़ी थोडी मात्रा में माता के दुध के साथ देने से वमन के द्वारा सब चिकना कफ निकलकर घण्टे भर में बालक को आराम हो जाता है।

अतः रूद्राक्ष आयुर्वेद दृष्टि से उत्तम है – परन्तु ग्रहबाधा, भूतबाधा निवारक, प्रमाण नहीं मिलता है।

पेड़ पौधे भी जीवित प्राणी है

अन्य जीवधारियों की तरह पौधों में जीवन के सभी लक्षण होते हैं। उनका शरीर भी शहद की मक्खियों के छत्ते की तरह छोटी–छोटी कोशिकाओं से बना होता है। कुछ पौधे बहुत वर्षों तक कुछ दो वर्ष तक तथा कुछ एक वर्ष तक जीवित रहते हैं। अधिकांश उपयोगी पौधे हरे होते हैं। पौधे भी उग करके वृद्धि पाते हैं। और अन्त में सन्तान उत्पन्न करके समाप्त हो जाते हैं। इस प्रकार उनका एक जीवन चक्र होता है। हम सब की तरह पौधे भी भोजन करते हैं तथा सांस लेते हैं। हरे पौधों के पत्तियों में क्लोरोफिल नामक हरा तथा पीला रंग पाया जाता है। यह तत्व सूर्य के प्रकाश में जड़ो द्वारा भूमि से लिये गये तत्वों व जल को लेकर पौधों के लिए भोजन तैयार करता है। कुछ पौधे जिनमें हरा रंग नहीं होता है, जैसे फफूंदी, जीवाणु, विषाणु वे दूसरे पौधे पर निर्भर रहते हैं। अधिकतर पौधो में फूल होते हैं जिनसे फल तथा बीज बनते हैं। कुछ ऐसे भी वनस्पति पौधे होते हैं। जिनमें फूल और फल नहीं लगते जैसे कोई फर्न मॉस आदि। संसार में लगभग साढे तीन लाख प्रकार के विभिन्न पौधों की प्रजातियों की खोज कर ली गयी है।

पेड़ पौधे पहाड़ों मैदानों बालू, रेत, बर्फ, नदियों – तालाबों तथा समुद्रों में पाये जाते हैं। फफूंदी, विषाणु तथा जीवाणुओं के बीज हवा में सदा उड़ते रहते हैं। पेड़ पौधो से हमें निम्न आवश्यक वस्तुएं मिलती है।

(1) प्रमुख खाने के पदार्थ जैसे गेहूं, चावल, दालें, सब्जियां।

(2) सरसों, अलसी, कुसुम, नारियल, तिल, मूंगफली, सोयबीन आदि तेल वाली फसलें।

(3) चाय, कॉफी तथा कोको आदि पेय पदार्थ।

(4) गन्ना तथा चुकन्दर (चीनी के लिये)।

(5) सूती कपड़ों के लिए कपास।

(6) बोरों तथा डोरी के लिए सनई, पटसन तथा जूट।

(7) भोजन को स्वादिष्ट बनाने के लिए सभी मसाले।

(8) दैनिक उपयोग में आने वाली मेज, कुर्सी व इमारती लकड़ियाँ।

(9) बांस व घास से कागज।

(10) नारियल की जटा से टाटपट्टी तथा रबर के पेड़ के दूध से रबर।

(11) बहुत ही उपयोगी औषधियाँ।

(12) खानों से निकाला गया कोयला व हीरा जो बहुत पुराने समय के पौधों के दब जाने से बना है।

(13) पेट्रोलियम व मिट्टी का तेल जो पेड़ पौधे तथा जन्तुओं के दब जाने से ही बना हुआ है।

(14) आम सन्तरे, नींबू, अंगूर, सेब, नाशपाती, अंजीर, अमरुद केला, खरबूजा, तरबूज, अखरोट, बादाम, शहतूत, सुपारी काजू, नारियल बेर आदि फल हमें पेड़ पौधों से ही प्राप्त होते है।

(15) गुलाब, चमेली, बेला, लिली, कमल आदि के मनमोहक फूल सभी पेड़ पौधों का ही देन है।

पेड पौधे धरती के कोने कोने में मिलते है

जहाँ भी हम देखते है, तरह–तरह के पौधे ही दिखायी देते है। यही नहीं पृथ्वी के कोने–कोने में अनेक प्रकार के पेड़ पौधे पाये जाते हैं। संसार में लगभग साढ़े तीन लाख किस्म के पेड़ पौधे पाये जाते है इनमें से कुछ तो इतने छोटे होते हैं कि नंगी आंखों से दिखायी भी नहीं पड़ते। इन्हें देखने के लिए सूक्ष्मदर्शी की जरूरत पड़ता है।

रेगिस्तान में पानी के कमी के कारण ऐसे ऐसे पौधे पाये जाते हैं जिन्हे पानी की कम आवश्यकता होती है। ये लम्बे डण्डे या कांटों से

ढंकी हुई मोटी चपटी पत्तियों के गुच्छे की तरह होते हैं। समुद्र तट पर नारियल के पेड़ के झुण्ड के झुण्ड पाये जाते हैं।

पेड़ पौधे का राज्य केवल स्थल पर नहीं, बल्कि जल तथा हवा में फैला हुआ है। जल पर तैरते कमल तथा कोकाबेली के फूल कितने सुन्दर लगते हैं। पानी की काई शैवाल पूरे जल को ही हरा बना देती है। कभी–कभी दिवारों पर हरे–हरे व नन्ही–नन्हीं पत्तियों वाले पौधे दिखाई देते हैं। हवा में बढ़ते हुए कवकों तथा जीवाणुओं के बीज को नंगी आँखो से देखना असम्भव है। रोटी, फलों व तरकारियों पर उगती फफूंदी भी एक प्रकार का फफूंद जाति का पौधा है।

कुछ पेड़ पौधे इतने चालाक होते हैं कि वे दूसरे पौधे पर रहकर तथा उसी का रस चूसकर पलते रहते हैं। वे कुछ भी नहीं करते हैं।

कुछ पेड पौधे, दूसरे पौधों पर रहकर भोजन तो बना लेते हैं किन्तु पानी तथा नमक के लिए वे उसी पौधे पर निर्भर रहते हैं। जैसे – बांदा लै. – *Loranthus longfluorus* Desr. (लोरन्थस लॉगिफ्लोरस) Syn. *Dendrophthoe falcata* (Linn F.) Etting (डेन्ड्रोफ्थो फलकेटा) Fam. Loranthaceae (लारन्थेसी)।

बान्दा भारत में सर्वत्र पाया जाता है। जिन वृक्षों पर यह उगती है उनसे अपना भोजन ग्रहण करती है। बान्दा के पुष्प एवं पत्तों का चिकित्सा में व्यवहार किया जाता है।

गुण और प्रयोग – यह शीत, कषाय, कपहन, वातनाशक, मूत्र विरेचनीय, रक्तविकार, एवं वर्ण रोपक है।

(1) शोथ पर इसके पत्तों एवं पुष्प को पीत गरम कर लेप करने से सूजन दूर होती है।

(2) इसके पुष्पों का प्रभाव हृदय एवं रक्तवाहिनीयों पर होता है। रक्तपित, श्वास, अपस्मार, उन्माद एवं ज्वर होने पर मात्रा – स्वरस 10–20 मि.ली.।

पुष्प धारण और उनके लाभ

सुन्दर गुलाब आदि के सुगंधित पुष्पों को नित्य मस्तक पर धारण करें तथा सुगंधित पुष्प पत्रों का धारण कांतिकारक क्लेद–परिश्रम से प्रगट स्वेद और दुर्गन्ध का नाशक है। नेत्रों को हितकारी, दाहनाशक

तथा पुष्पों के धारण से मन प्रसन्न होता है। यथायोग्य अंग में धारण करे अर्थात् माला वनमाला हार आदि को कंठ में धारण करे गजरे को हाथों में पुष्पों के मुकुट किरीट आदि को मस्तक पर धारण करे।

चमेली, बेला, नारंगी, कुडा, गुलाब, कूजा, मौलसिरी, चम्पा, चंदन, गुल्लाला इन पुष्पों को कस्तूरी के साथ धारण करे। अर्थात् कस्तूरी चन्दन लगाकर इन पुष्पों के हार आदि धारण करें।

(नोट इस लेख में कस्तूरी (Musk) शब्द आया है) क्या है कस्तूरी – नर कस्तूरी मृग (Male Musk Dear) की नाभी से प्राप्त की जाती है। जम्मू कश्मीर के अतिरिक्त लद्दाख क्षेत्र में भी यह कस्तूरी मृग कारगिल तहसील के मटाईन जोजीला एवं जन्सकार, बड़ालाचा आदि स्थानों में पाया जाता है।

नर मृग जब युवावस्था में रहता है तो मादा मृग की ओर आकर्षित होता है एवं उस अवस्था में कस्तूरी विशेष उग्रसुगन्धित एवं प्रभावशाली होती है। औषध उपयोग में कस्तूरी का बहुत उपयोग है। कस्तूरी काफी महंगी होने से शिकारी इसे चोरी छिपे मारते हैं यही कारण है कि हिमालय में इन मृगों की संख्या घटती जा रही है। भारत सरकार ने इन मृगों की सुरक्षा हेतु व वन्य जीव सुरक्षा कानून बनाया है। केन्द्रीय आयुर्वेद एवं सिद्ध अनुसंधान परिषद, भारत सरकार नई

दिल्ली ने कस्तूरी मृगों के प्रजनन हेतु धरमधर (अल्मोड़ा) उत्तर प्रदेश नामक स्थान पर कस्तूरी मृग प्रजनन फार्म की स्थापना की है। पशु पालन विभाग एवं शल्य शास्त्रियों के सहयोग से बिना मृगों को मारे कस्तूरी निकालने की नई विद्या खोज निकालने का सफल प्रयास किया जा रहा है। इस प्राणरक्षक कस्तूरी औषधि की कमी की पूर्ति की जा सके।

आयुर्वेदिक गुण धर्म

कस्तूरी कटु तिक्त, उष्ण, कफ–वातशामक, शुक्ल, बाजीकर, क्षयनाशक दुर्गन्धनाशक है। यह वृष्य ने सुगन्धि उतेजक, सौमन्यजनन, आविजनन, हृदय एवं ज्ञानेन्द्रियों के लिए बलकारक, उद्वेष्टननिराधी तथा कफ, वायु कण्डू और स्वेद की दुर्गन्ध को दूर करने वाला एवं स्थानिक पीडानाशक है इसका प्रयोग अपतन्त्रक वातनाडी दुर्बलता जन्यशैथिल्य नपूंसकताहर एवं सुख प्रसवकारक है।

(चेतावनी, वन्य प्राणियों को बलात मारना शिकार करना घोर अपराध है। वन्य प्राणी हमारे वन की श्रृंगार है)

आगे लिखते है – मंदार, मसूआ, नीलकमल, कुमुदनी, लालकमल और जुही इन पुष्पों को कपूर के साथ धारण करें।

स्नान के पूर्व चमेली का पुष्प धारण करें। और स्नान करके जूही तथा बिल्व (बेल) का पुष्प धारण करें। तैलादिक के अभ्यंग में केतकी का पुष्प तथा कमल को सर्व काल में धारण करना चाहिए।

पीली चमेली कुंद वासन्ती (नेवारी) चंदन, बेल, चमेली इन पुष्पों को पराग सहित मस्तक पर धारण करना चाहिए। ये सम्पूर्ण पुष्प रस से और वीर्य से समान गुण वाले हैं। त्रिदोषनाशक है, अतएव सर्वदा धारण करने चाहिए परन्तु ग्रीष्म ऋतु में विशेषकर धारण करें।

केतकी मौलसिरी, चंदन, कमल, गुल्लाला और चम्पा ये पुष्प वात रोग का हरण करता है और उष्णवीर्य है अतएव शीतलकाल में धारण करने चाहिए।

बेल, बक, मरुआ, नीलकमल, कूडा कुब्जक, गुलाब वा पाढर और चंदन इनके पुष्प न बहुत शीतल और न बहुत गरम है तथा सर्वदोष नाशक, निर्मल, नेत्रदोषनाशक है, इसलिए वर्षाकाल में धारण करने चाहिए।

जाई का फूल 6 प्रहर, निवार का 4 घडी, तीर रात्रि उत्पल (कमल) दो रात्रि शतपत्र (गुलाब) अर्द्धरात्रि चमेली एक दिन रात चम्पा, चार घड़ी जूही, एक रात चंदन का पुष्प, मौलसिरी माधवी (बसंती) और श्रीपर्ण इतने पुष्प जब तक सुहाय तब तक धारण करें। मंदार, मरुआ, दोनों और पाढर इतने पुष्प जब तक सुगन्ध रहे धारण करें।

जाई का पुष्प त्रिदोष और घोर वाद नाशक है। गुल्लाले का पुष्प सुगंधवान, और दोषों को शांति करता है। पित्तहरण कर्ता, सफेद, और नेत्रों को हितकारी, कफ वातनाशक उष्णवीर्य और निर्मल ऐसा ही कमल पुष्प। सब पुष्पों में केतकी का पुष्प उत्तम है। कुछ उष्ण सुगंधित शीतल और दृष्टि को बढाने वाला है। शतपत्र पुष्प भ्रम नाशक, चम्पा का फूल वातनाशक, नेत्रों का हितकारी और शुभ है। पाढल का पुष्प अतिशीतल है। कान की पीड़ा पित नाशक, मंदाग्नि को दूर करता है। जो मनुष्य पाढल के पुष्पों को धारण करता है वह द्रव्यमान होता है ज्वर, दाह, प्यास, मूर्च्छा को नष्ट करता है।

हेमन्त और शिशिर ऋतु में कमल धारण करे। बसंत ऋतु में केतकी पुष्प, गरमी में नेवार का पुष्प और मालती का, चातुर्मास्य में पाटल का पुष्प और शरद ऋतु में चंपा का पुष्प धारण करना चाहिए।

चिकित्सोपयोगी वनस्पतियाँ

भारत में सैकड़ो ऐसी जड़ी बूटियाँ उत्पन्न होती है जो अपने रोगनाशक गुणों के कारण शताविदयों से चिकित्साकार्य में प्रयोग की जा रही है। इनमें से कुछ जडी बूटियाँ तो वास्तव में चमत्कार जैसा प्रभाव दिखाती है जैसे कि डिजीटेलिस। कमजोर हृदय की शक्तिशाली बनाने के लिए आधुनिक चिकित्सा विज्ञान इसकी टक्कर की किसी औषधि का अविष्कार नहीं कर सकता है गठिया रोग से मुक्ति दिलाने के लिय सुरन्जान पेट के मन्दर के अंगो में उत्पन्न ऐंठन युक्त शूल के लिए वेलाडोना ब्रांकाइटिस और दमा रोगों में कफोत्सारक के रूप में सोमलता और अक्रामक पागलों के उपचार में सर्पगन्धा अपने प्रकार की अद्वितीय तथा जगत प्रसिद्ध जड़ी बूटियाँ है। अनुमान है कि भारत में रोग निवारक गुण रखने वाली लगभग 1500 विभिन्न जड़ी बूटियाँ उत्पन्न होती है। यहाँ यह प्रश्न उठना स्वाभाविक ही है देश में चिकित्सोपयोगी वनस्पतियों की विशाल सम्पदा होते हुए भी हमारे यहाँ चिकित्सा में जडी बूटियों का प्रयोग क्यों घटता जा रहा है? ऐलोपैथी में लोगों की आस्था क्यों बढ़ रही है। जनसाधारण की बात तो जाने दे स्वयं हमारे देशी चिकित्सक भी परोक्ष या प्रत्यक्ष रूप से ऐलोपेथिक औषधियो का ही व्यवहार क्यों करने लगे हैं?

वनोषधि चिकित्सा की अवनति के कई कारण है जिनमें एक प्रमुख कारण यह भी है जड़ी बूटियों के औषधि प्रयोग के सम्बन्ध में हमें आज तक बिल्कुल ठीक ठीक उपलब्ध नहीं हो सकी। हमारे जिन वैद्यो को जड़ी बूटियों का ज्ञान था उन्होंने अपने अनुभव को गुप्त रखा। जन साधारण को इनके प्रयोग के सम्बन्ध में अनपढ़ ग्रामीणें से राह चलते साधु सन्तों से तथा ऐसे ही अन्य स्रोतों से जो कुछ ज्ञान मिला वह न केवल अपूर्ण था बल्कि बहुतबार गुमराह करने वाला भी था। कई बार किसी जड़ी बूटी के गुणों का बखान बहुत बढ़ा चढाकर

किया जाता था जबकि वास्तविक प्रयोगों में वह इतनी लाभदायक सिद्ध नहीं होती थी। बहुत सी जड़ी बूटियों की सेवनीय मात्रा का ठीक ज्ञान न होने से उनका सेवन अधिक मात्रा में कर लिया जाता था जिससे बहुत से प्रयोगकर्ताओं को क्षति पहुँच जाती थी। इन्हीं सब कारणों से जडी बूटियों पर से लोगों का विश्वास उठता गया और उनका प्रयोग कम होता चला गया।

जड़ी बूटियों से वास्तविक लाभ उठाने के लिए यह अनिवार्य है कि हमें यह ज्ञात हो कि अमुक जड़ी बूटी का कौन सा अंग (जड़, पती, फल आदि) किस रोग के उपचार में काम आता है, उसकी ठीक ठीक मात्रा क्या हो तथा उसे किस प्रकार सेवन कराया जाये। इस प्रकार की आधारभूत जानकारी प्राप्त करने के लिए गंभीरतापूर्वक अनुसंधान करने की आवश्यकता थी। सौभाग्य की बात है कि इस शताब्दी के प्रारभिक वर्षों में अनेकों विद्वानों का ध्यान जड़ी बूटियों की ओर गया और उन्होंने बड़े परिश्रम के साथ इस दिशा में शोधकार्य आरम्भ कर दिया। धीरे–धीरे अन्य विद्वानों तथा संस्थाओं का सहयोग इस कार्य में मिलता चला गया और आज हम लोगों ने इस वनस्पतियों के सम्बन्ध में बहुत विस्तृत ज्ञान प्राप्त कर लिया है।

आधुनिक वैज्ञानिक खोजो से जिनके औषधीय गुणों की पुष्टि हो चुकी है इन जड़ी बूटियों का पहचान औषधिय मात्रा चिकित्सा कार्य में उसके उपयोग उससे निर्मित होने वाले योगो का निर्माण तथा उसके सेवन विधि।

चिकित्सा प्रकरण

आरोग्यता ही धर्म, अर्थ, काम और मोक्ष इस चतुवर्ग प्राप्ति का प्रधान कारण है और रोग उस आरोग्यता, सुख और जीवन को नष्ट करने वाले है।

व्याधियाँ दो प्रकार की होती है – एक शारीरिक और दूसरी मानसिक ज्वर कुष्ठ आदि को शारीरिक और उन्माद आदि को मानसिक रोग कहते हैं।

वात पित कफ इन तीनों दोषों की साम्य अवस्था (अर्थात् तीनों दोषों का समान रूप से रहना) को आरोग्य कहते है। और विषम अवस्था (तीनों दोषों में से किसी एक दोष का कुपित होकर न्यूनाधिक

होना) को रोग कहते हैं। अतः आरोग्य का नाम सुख और रोग का नाम दुख है।

रोग दो प्रकार के होते हैं जैसे साध्य और असाध्य। साध्य रोग भी दो प्रकार के होते है – सुख साध्य और कष्टसाध्य, असाध्य रोग भी दो ही प्रकार के होते हैं जैसे – व्यात्य और अचिकित्स्य (अर्थात् त्याज्य औषधि के द्वारा जिनका प्रतिकार न हो सके)। जो रोग सहज में आरोग्य हो जाते है उनको सुख साध्य कहते हैं। एवं जो रोग कठिनता से आराम होते है उनको कष्ट साध्य कहते हैं। ये दो प्रकार के रोग साध्य है। जो रोग औषधादि के द्वारा कुछ शात हो जाते हैं, उनको त्याज्य और जो रोग औषध के द्वारा शान्त नहीं होते उनको असाध्य कहते हैं। यात्य और असाध्य ये दोनों प्रकार के रोग असाध्य है। उपयुक्त समय में चिकित्सा न करने से साध्य रोगी भी यात्य हो जाते हैं और यात्य रोग असाध्य हो जाते हैं और असाध्य रोग जीवन को शीघ्र नष्ट कर देते हैं। यात्य रोग दो प्रकार से उत्पन्न होते है। कितने एक रोग स्वभाव से ही यात्य और कितने ही एक चिकित्सा के अभाव से यात्य हो जाते हैं। किन्तु जो स्वभाव से जो रोग यात्य होते है वे असाध्य और चिकित्सा के अभाव से जो रोग यात्य होते हैं उनमें से कोई कोई चिकित्सा द्वारा साध्य हो जाते हैं।

पापज और कर्मज इन भेदों से रोग दो प्रकार के होते है। पापज रोंग औषधादि के सेवन से शान्त हो जाते है। एवं शास्त्रोक्त औषधादि के सेवन से भी जो रोग दूर नहीं होते उनकों कर्मज व्याधि कहते हैं। इस पृथ्वी पर कोई भी जीव अमर होकर नहीं जन्मा एक न एक दिन निश्चय ही मृत्यु होगी। इसलिये मृत्यु को कोई भी नहीं रोक सकता, किन्तु औषधादि के द्वारा रोग दूर किया जा सकता है। मनुष्य की एक सौ एक प्रकार से मृत्यु हो सकती है। उनमें से कालमृत्यु और सो आगन्तुक मृत्यु से है। आगन्तुक मृत्यु औषध और जप, होमादि के द्वारा शमन होती है किन्तु कालमृत्यु किसी प्रकार भी दूर नहीं हो सकती।

काल मृत्यु के मुख में पतित हुए व्यक्ति को किसी भी रोग से ग्रसित होने पर या सर्पादिके द्वारा काटने पर स्वयं धन्वन्तरी भी आरोग्य नहीं कर सकते।

आयु कर्म के क्षय होने पर मृत्यु मनुष्यों को पीड़ित करती है। उस समय औषध, मंत्र, होम, और जप से मनुष्यों का जरा और मृत्यु से नहीं बचा सकते। जिस प्रकार तेल और बती के होने पर भी दीपक

बुझ जाता है, उसी प्रकार आयु के होने पर भी किसी विशेष कारण से कभी कभी मनुष्य का प्राण नाश हो जाता है।

रोग के तत्व को समझना और पीड़ा को दूर करना यह ही वैद्य की वैद्यता है। किन्तु वैद्य आयु का स्वामी नहीं है।

स्वेच्छाधारी मरने की इच्छा करने वाला, इन्द्रियशक्तिहीन (काना, लूला, लंगडा आदि) बैरी, वैद्य से दोष रखने वाला श्रद्धाहीन संदिग्ध चित और चिकित्सा सम्बन्धी नियमों को पालने वाला ऐसे मनुष्य की चिकित्सा नहीं करनी चाहिए। यदि वैद्य लोभवश ऐसे रोगियों की चिकित्सा करता है तो वह अपयश को प्राप्त होता है।

जब तक प्राण कण्ठ मे रहे और इन्द्रियों की शक्ति का लोप न हो तब तक चिकित्सा करनी चाहिए। कारण काल की गति कुटिल है। रोग के उत्पन्न होते ही चिकित्सा आरम्भ कर देनी चाहिए। रोग को सामान्य समझकर उसकी उपेक्षा नहीं करनी चाहिए। कारण– समान्य रोग अल्प होने पर भी अग्नि शस्त्र और विष की तरह अत्यन्त प्रबल हो जाते है जिस प्रकार तरूण वृक्ष सहज में ही काटा जा सकता है और बड़ा हो जाने पर उसका काटना कठिन हो जाता है।

सूर्यादि ग्रहों के प्रतिकूल होने पर किसी भी औषधि का ठीक ठीक फल नहीं मालूम होता। कारण ग्रह अतिवीर्यवान औषधि के भी प्रभाव को नष्ट कर देते हैं इसलिये प्रथम ग्रह शान्ति करके फिर चिकित्सा करनी चाहिए।

जिस क्रिया के द्वारा शरीर की धातुये समान अवस्था में रहती है, उसकी चिकित्सा कहते है और वह ही वैद्यों का कर्म है।

चिकित्सा तीन प्रकार की है जैसे – आसुरी, मानुषी और देवी। अस्त्रादि द्वारा जो चिकित्सा की जाती है वह आसुरी चिकित्सा है, औषधि के क्वाशादि के द्वारा जो चिकित्सा की जाती है वह मानुषी और जप, होमादि के द्वारा जो चिकित्सा की जाती है वह देवी चिकित्सा कहलाती है लेकिन देवी चिकित्सा का **वैज्ञानिक आधार वास्तविक स्वरूप आजकल दृष्टिगोचर नहीं होता है।** जहां तक हो सके इनका वास्तविक परिचय या ज्ञान होना आवश्यक है। इस विषय में अभी तक कोई सफलता नहीं पायी गई है। आयुर्वेद में इसलिये कुछ दैवत्व पाश्रय कुछ सत्वावजय रूप चिकित्सा का वर्णन

है। इसके अतिरिक्त मन्त्र बलि, मंगलकर्म पूजा आदि भूतविधा या उन्माद रोग के लिए वर्णित है।

आगे लिखते है – गोरखमुण्डी, वच, हरड, विछाटी घात, आक की जड़ सरसो वाल छड़, भूपकेशी, जलपीपल हींग, असवरण, लहसन, अतीस चीता कूठ और वाज आदि मांसाहारी पक्षियों की (जितनी प्राप्त हो सके) पिष्टा इन सबके समान भाग मिश्रित कल्क के साथ तिल के तेल को बकरे के चौगुने मूत्र में सिद्ध करे। इस तेल को शरीर में मर्दन करने से अपस्मार रोग नाश होता है।

उन्माद रोग में जो पथ्य, नस्य अंजन और औषधियां कही गई है उन सबको अपस्मार रोग में प्रयोग करना चाहिए।

सन के बीज, निसोत, अरण्ड की जड़, दशमूल, शतावर, रायसन पीपल और सहिंजना इन प्रत्येक औषधि को आठ आठ तोले लेकर क्वाथ बनालेवें। फिर उस क्वाथ में विदारी कंद मुलेठी, मेदा महामेदा, काकोली, क्षीर काकोली, मिश्री खजूर, दाख, शतावर, ताड़ का गूदा, गोखरू और चैतसघृत की समस्त औषधियों के कल्क के साथ उत्तम प्रकार से घृत को पकाना चाहिए। यह महाचैतस नाम घृत सर्वप्रकार के अपस्मार को नष्ट करता है।

ब्राह्मी के रस में बच कूठ ओर शंखपुष्पी इनके समान भाग मिश्रित कल्क के साथ पुराने घृत को डालकर पकावे वह घृत उन्माद और अपस्मार रोग नाशक है।

उड़दों का क्वाथ खिरेटी, रसना, दशमूल, गन्धप्रसारणी, सोया, इन सबों का क्वाथ तथा तिल का तेल दही, दूध, लाख का रस और कीजी इन सबको एक एक प्रस्थ शतावर और विषारीकन्द का क्वाथ आधा आधा प्रस्थ (32–32 तोले) लेकर एकत्र मिलाकर मन्द मन्द अग्नि द्वारा उत्तम प्रकार से पकावे। पकते समय उसमें सोया, सौंफ, मैथी, रास्ना, गजपीपल, नागरमोथा, असगन्ध, खस, मुलैठी, शालपर्णी, पृश्निपर्णी, खिरैटी और शतावर रस औषधियों के कल्क को लेकर 8–8 तोले लेकर डाल देवे। जब तेल अच्छी प्रकार पककर सिद्ध हो जाय तब उतारकर वस्त्र में छान लेवे। यह तेल सम्पूर्ण वात रोग नाडियों का जकड़ जाना, हनुस्तम्भ रोग, जीभ, दाँत और गले की पीड़ा प्रमेह और शरीर का कांपना इन सब रोगों को नष्ट करता है।

सो पल प्रसारणी को कूटकर एक द्रोण (32 सेर) जल में पकावे। जब पकते पकते चौथाई भाग (8 सेर) जल शेष रह जाय तब उतारकर छान लेवे। फिर उस क्वाथ में तिल का तेल दही और कींजी ये प्रत्येक आठ आठ सेर दुध सोलह सेर एवं चीता, पीपलामूल, मुलैठी सेंधानमक, खिरैटी, बोया देवदारू, रसना, गजपीफल, प्रसारणी की जड़ बालछड और मिलावे इन सबके कलकों को दो दो पल डालकर मन्द मन्द अग्नि से तेल को सिद्ध करें। यह तेल वात और कफ जन्य रोगों को दूर करता है। इससे कुब्जता, जड़ता, पंगुता, गृंधली, खुडक, अदितवात, हनुस्तम्भ, पृष्ठशूल शिर पीड़ा ग्रीवास्तम्भ ये सब रोग शीध्र नाश होता है।

यदि रायसन अरंड की जड़ अडूसे की छाल, धमासा, कचूर देवदारू, खिरेटी, नागरमोथा, सोंठ, अतीस, हरड़, गोखरू, अमलतास, सोंफ धनिया, पुनर्नवा, असगन्ध, गिलोय, पीपल, विधारे की बीज, शतावर वच, पिथाबांस, चब्य, बड़ी कटेरी, ये प्रत्येक औषधि एक–एक भाग और रास्ना दो भाग लेकर इन सबका विधिपूर्वक अष्टावशेष क्वाथ सिद्ध करें। चिकित्सक इस क्वाथ को रोगी के दोष रोग और अवस्था के अनुसार उचित मात्रा से सोंठ का चूर्ण, बबूल का चूर्ण, मूण्डी का चूर्ण, अथवा अज्रमोदादि का चूर्ण डालकर पान करावे। यह क्वाथ सर्व प्रकार के वातरोग सन्धि मज्जागत वात, आनाहर रोग, सर्व शरीर रत कम्प, कुब्जवात, वामनकवात, गृथसी, हनुग्रह, और सर्वप्रकार के आमवात रोग में हितकारी है और सब वाचन में उतम पाचन है। इस महारात्नादिनामक क्वाथ को ब्रह्माजी ने लोक कल्याण के लिए निर्माण किया है।

यदि सोया विडंग सेंधानमक, कालीमिर्च समान भाग चूर्ण को एकत्र मिलाकर गरम जल के साथ पान करने से अत्यन्त प्रबल आमवातरोग दूर होता है। यदि 48 द्रव्यों के चूर्णों को एक साथ मिलाकर पुनः छननी में छान लें तो –

48 द्रव्यों का घटक निम्नानुसार इस प्रकार से है –

घटक

यवक्षार	सर्जिक्षार	टंकण चूर्ण
सेन्धव चूर्ण	सामुद्र लवण	सौवर्चल लवण

विडलव चूर्ण	साम्भर लवण	त्रिकूट चूर्ण
भागो चूर्ण	मरिच चूर्ण	इमली निर्बीज
निर्गुण्डी चूर्ण	पिप्पली चूर्ण	कूठ चूर्ण
हल्दी चूर्ण	दारूहल्दी चूर्ण	त्रिवृत चूर्ण
दन्तीमूल चूर्ण	नीलीमूल चूर्ण	अजवाइन चूर्ण
श्वेत जीरा चूर्ण	श्याहजीरा चूर्ण	इलायची चूर्ण
पाठा चूर्ण	वच चूर्ण	भृंगराज चूर्ण
मूर्वा चूर्ण	सुरणकन्द चूर्ण	धनिया चूर्ण
पुष्करमूल चूर्ण	कचूर चूर्ण	एरण्ड चूर्ण
इच्छुमल चूर्ण	पुनर्नवा मूल चूर्ण	शीतल चीनी चूर्ण
नागकेशर चूर्ण	देवदारू चूर्ण	कष्टकारी चूर्ण
लवंगचूर्ण	वासा चूर्ण	रासना चूर्ण
चव्य चूर्ण	सौंफ चूर्ण	मूसली चूर्ण
मूसली चूर्ण	अम्लवेत चूर्ण	(श्वेत) वासा चूर्ण

भावना

शंखपुष्पा	चित्रकमूल क्वाथ	शिग्रुत्वक रस
कमलपुष्प रस	जम्बीरी नींबू रस	नारंगस्थ रस
आर्द्रक स्वरस	सैन्धव घोल	बिजौरा नींबू स्वरस

इसे सूखने पर कांचपात्र में संग्रहित करें। इसे एक तोला (12 ग्राम) प्रातः सुखोष्ण जल से सेवन करें। इसके सेवन से मन्दाग्नि, गुल्म, कास, स्वांस, क्षय, प्लीहा रोग, उदर रोग नष्ट करता है। अरुचि नाशक है। इस चूर्ण को आचार्यश्री पूज्यपाद ने कहा है (लेखक का अनुभूत है)।

यदि आमलाचूर्ण 46 ग्राम, बहेडा चूर्ण 13 ग्राम, हील की चूर्ण 275 ग्राम, मिश्री चूर्ण 410 ग्राम (तीनों चूणै के बराबर) लें।

इन्हे एक साथ मिलाकर पुनः छननी से छान कर काँच के पात्र में संग्रहित करें। इस चूर्ण को 1 ग्राम मधु के साथ मिलाकर प्रतिदिन सेवन करने से यह दीपन पाचन मध्य एवं सर्वरोग नाशक है।

मात्रा – 9 ग्राम दिन में 2 बार लें अर्थात् 4.5 – 4.5 ग्राम दो बार

अनुपात – मधु ले

गन्ध – मधुरगन्धी

वर्ण – श्वेताभ

स्वाद – मधुर

उपयोग – दीपन – पाचन – मेध्य एवं सर्वरोग हर है।

यदि इन नौ द्रव्यों का 1–1 भाग लेकर अच्छी तरह से मिलावे और पुनः छननी से छान कर कांच के पात्र में संग्रहित करें। इसे कलिंगादि चूर्ण कहा गया है को गोतक के साथ दिन में 2–3 बार पिलाने से अतिसार रोग नष्ट हो जाते हैं।

मात्रा – 3 ग्राम

अनुपान – गोतक्र

गन्ध – लवंगगन्धी

वर्ण – खाकी रंग

स्वाद – कटु–तिक्त

उपयोग – अतिसार – अतिसार रोग

घटक नौ द्रव्य

इन्द्रयव चूर्ण	सर्षप चूर्ण	पिप्पली चूर्ण
वच चूर्ण	मरिच चूर्ण	शुष्ठी चूर्ण
क्षीरणी चूर्ण	लवंग चूर्ण	जीरा चूर्ण (श्वेत)

अतिसार क्या है

देर से पचने वाला भोज्य पदार्थ अत्यन्त चिकने (घी तेल वसा आदि) पदार्थ अतिरुक्ष (जौ आदि) अति उष्ण, अति द्रव (जलीय) पदार्थ,

अति स्थूल (बिना चबाये हुए न पचने योग्य) पदार्थ, अतिशीतल (बरफ या बरफ से बने हुए) पदार्थ का सेवन, विरुद्धासन, अध्यशन, अजीर्णकारक तथा विषम भोजन करने से स्नंहन, स्वेदन, वमन, विरेचन, अनुवासन, विस्रह, क्रियाओं के अतियोग तथा मिथ्या (हीन) योग से, विष से, भय से, शोक से, दूषित जल से (Nile diarrhoea) दुषित मद्य को अधिक पी लेने से, ऋतु की विपरीतता से तथा सात्मय की विपरीतता से अधिक जल क्रीडा से, अधारणीय वेगों को रोकने से तथा क्रिमियों के दोष से मनुष्यों को अतिसार रोग होता है।

लक्षण

मल के अधिक निकलने को अतिसार या अतिसार कहा जाता है। अतिसार असाध्य अवस्था में मल के निकल जाने के बाद इस रोग से शरीरोपयोगी धातुओं का भी अतिसरण होने लगता है। उचित मात्रा में उचित समय पर मल का निकलना स्वास्थ्य के लिए हितकर होता है वही मल जब अधिक मात्रा बार बार निकलने लगता है तो वह अतिसार कहा जाता है। मानव को उतम स्वास्थ्य के लिए मल की रक्षा करनी चाहिए।

यदि कच्चे बेल का गूदा, यव, गोखुर, एरण्ड मूल, गिलोय, द्रव्यों के साथ सिरका (कांजी) में पकायी गई हरड को शहद के साथ प्रयोग करने से शूल के साथ थोडा थोडा एवं रक्त मिश्रित आने वाला पुरीषयुक्त आमातिसार शान्त हो जाता है।

यदि रेणुका सेंधा नमक, काला सुरमा तथा पिप्पली इन सभी को बकरी के दूध मूत्र मे साथ महीन पीसकर बति निर्माण करें। यह वर्ति मनुष्यों के रतौंधी रोग को दूर करती है।

विमर्श यह है कि वस्तुतः दिन में न देख पाना, तथा राशि में न देख पाना ये दोनों रोग हमारे देश में प्रायः ग्रामीण परिवेश में ज्यादा देखने को मिलते है। यदि उपर्युक्त विधि से निर्मित बर्ति का व्यापक प्रयोग करके अनुसंधान कार्य किया जाय तो रोग से मुक्ति के साथ साथ अल्प व्यय से भी इन रोगों का उपचार किया जा सकता है। इस वर्ति में प्रयुक्त होने वाले द्रव्य सुलभ एवं सस्ते है।

तिमिर रोग

सौवीराज्जन को भृंगराज स्वरस, बकरी का दूध, गोमुत्र गोदुग्ध त्रिफला क्वाथ द्राक्षारस में क्रमशः भावना देवें। इस तरह से शुद्ध सौवीर भंजन तिमिर रोग को नष्ट करता है।

विमर्श – सौवीराज्जन को क्रमशः प्रत्येक द्रव्य की सात भावना देनी चाहिए। भावना उसे कहते है, जब द्रव्य पूरी तरह से रस के साथ गीला हो जाय जैसे कि वह भावना प्रत्येक द्रव्य के साथ तीन तीन बार या सात सात बार देनी चाहिए। इससे गुणों की वृद्धि हो जाती है।

रक्तपित नाशक औषधि

इलायची, दालचीनी तेजपता आधा कर्ष (5 ग्राम) पिप्पली आधापल (20 ग्राम) मुनक्के, चीनी, मुलहठी, खजूर, सम्मिलित एक पल (40 ग्राम) इन सभी को एकत्र करके शहर मिलाकर गोलियां बना लें। बाजीकरण है, प्यास को शान्त करती है। रक्त पित उरः क्षत रक्तार्श, मूर्च्छा, भ्रमयुक्त मनुष्यों के लिये बहुत ही उपयोगी है।

रक्तपित क्या है – रक्त पित एक ऐसा रोग है जिसमें शरीर के किसी भी भाग से खून निकलना प्रारम्भ हो जाता है। यह उर्ध्वग अधोग एवं तिर्यग भेद से तीन प्रकार का होता है। उर्ध्वग रक्तपित में खून, मुख, नाक कान आंखों से आता है तथा अधोग रक्तपित में गुदा, मूत्रमार्ग एवं योनिमार्ग से रक्त निकलता है। तिर्यक रक्तपित में खून शरीर के प्रत्येक रोम रोम से निकलना प्रारम्भ हो जाता है। उर्ध्वग रक्तपित ठीक हो जाता है। अधोग रक्तपित यात्य की श्रेणी में माना जाता है तथा तिर्यग रक्तपित असाध्य माना गया है।

गलतालु रोग

त्रिकूट (सोंठ, मरिच, पीपल) फलनिक (आँवला, बेहडा, हरड) एवं कायफल का क्वाथ अथवा पितपायस, कटफल सौंठ भारंगी गंधतृण मोथा, देवदारू वच हरड का क्वाथ, मूखरोग गलरोग तालुरोग को नाश करता है।

पेड़ पौधे और कोशिका

जिस प्रकार हमारे मकान एक–एक ईंट से मिलकर बनते है उसी प्रकार पौधों का शरीर कोशिकाओं से बना होता है। कोशिकाएं एक दूसरे के साथ–साथ सटी रहने के कारण कई आकार की हो जाती है। ये कोणदार, गोल, अण्डे की तरह बहुभुजी, आयताकार तथा लम्बी होती है। कोशिका सजीवों के शरीर की रचनात्मक तथा क्रियात्मक इकाई है। यह विभिन्न पदार्थों का वह छोटे से छोटा संगठित रूप है जिसमें वे सम क्रियाएँ होती है। जिन्हें सामूहिक रूप से हम जीवन कहते है।

- कोशिका का अंग्रेजी शब्द सेल (Cell) लैटिन भाषा के शेलुला शब्द से लिया गया है जिसका अर्थ है एक छोटा कमरा।
- कोशिका का आविष्कार राबर्ट हुक ने 1665 ई. मेंकिया।
- कोशिका सिद्धान्त M.S. Schleiden व T. Schwann ने 1939 ई. में प्रस्तुत किया।

कोशिका वास्तव में जीव के शरीर की बनावट कार्य तथा सभी गुणों को बच्चों में पहुंचाने में उपयोगी है। ये कोशिका की दिवार से घिरी रहती है। कोशिका द्रव में केन्द्रक होता है जो कोशिका की सभी क्रियाओं को आगे बढ़ाता है। साधारणतः कोशिका 0.01 मिमी. से 0.1 मिमी तक लम्बाई की होती है।

बड़े बड़े वृक्षों की लकड़ीयों में इनकी लम्बाई 6 से 8 मिमी तक होती है। पटसन आदि रेशेदार पौधों में कोशिकाओं की लम्बाई 20 से 55 मिमी. तक हो जाती है किन्तु जीवाणु में 0.001 मिमी. के होते हैं।

प्रत्येक कोशिका की लम्बाई चौड़ाई व मोटाई होती है। पौधों के कोशिका के दो मुख्य भाग होते है –

(1) कोशिका दिवार – यह प्रत्येक कोशिका का चारो ओर एक पतली पारदर्शक निर्जीव रक्षक स्तर है।

(2) जीव रस – कोशिका दिवार के भीतर जेली की भांति एक गाढा रस होता है इसे जीव रस कहते हैं।

पेड पौधो में भी गति होती है

गति जीवधारियो का एक महत्वपूर्ण लक्षण है। जन्तुओं को आप चलते फिरते देखते है। पौधे यद्यपि चल फिर नहीं सकते किन्तु इनमें भी गति होती है।

पेड़ पोधों के अंग गोलाई में चक्कर लगाते हुए बढ़ते है। छुई–मुई के पौधे को छूते ही उसकी पतियों मुर्झा सी जाती है। वर्षा की बूंद हवा के झोंके व गर्मी से भी यही क्रिया होती है। इसके अतिरिक्त यदि पौधे को अंधेरे में रखा जाये और किसी एक ओर से उसे रोशनी दी जाये तो वह पोघा रोशनी की दिशा में झुक जाता है। सूक्ष्म जीवों के कुछ जीवाणु भी गति करते हैं।

पौधे भी चिकित्सक का कार्य करते हैं

पौधो में यदि कही कटाव या घाव हो जाता है, जो उसका भरना आवश्यकता होता है। क्योंकि ऐसा न होने से उन घावों पर फफूँदी जीवाणु का आक्रमण हो जाता है जो कीटाणु पैदा कर देते हैं तेज हवा के चलने पर गले टूट जाती है। कई कीड़े मकोड़े भी घाव पैदा कर देते हैं।

मनुष्य तो पौधों का सबसे बड़ा मित्र व शत्रु है जो उन्हें तैयार करके नष्ट करता है।

पौधों की कोशिकाओं ही पौधों की सभी जीवन संबंधी क्रियायें करती है।

यदि घाव साधारण होती है तो घायल कोशिकाऐं सूख जाती है और उनके नीचे की जीवित कोशिकाएँ भीतरी भागों की रक्षा करती है।

कभी कभी घायल भाग के नीचे की जीवित कोशिकाएँ रक्षा परत तैयार करती है, जो दिवार के भांति रक्षा का कार्य करती है।

जब कभी घाव गहरा होता है तो जीवित कोशिकाएं नन्ही नन्हीं विशेष कोशिकाओं का जाल सा बिछा देती है। इन कोशिकाओं को किण कहते है। यह किण घाव को ढककर दूसरी कोशिकाओं की एक दिवार तैयार करते है। इसे एधा कहते हैं इन्हीं के द्वारा घाव भरा जाता है।

कटहल रबर आदि में दूध वाली कोशिकाओं का समूह होता है जिनमें दुध सूखकर घाव के उपर इकट्ठा हो जाता है, और घाव भर जाता है।

जीवाणु तथा नीले–हरे शैवाल (विशेष प्रकार के पौधे)

(आकाश से नाइट्रोजन खींचने के यन्त्र का कार्य करते हैं)

भूमि में पाये जाने वाले कुछ जीवाणु सड़े गले पदार्थो पर निर्भर रहते हैं। ये आकाश के नत्रजन (पौधों के जीवन के लिए सबसे आवश्यक तत्त्व) की अपने शरीर में इकट्ठा कर लेते हैं, और उनके मरने के बाद वह नत्रजन प्रोटीन के रूप में भूमि को मिल जाती है।

चना, मटर अरहर बरसीम आदि के जड़ों में एक विशेष प्रकार के जीवाणु जिन्हें राइजोबियम कहते हैं, पाये जाते हैं। ये जीवाणु न केवल अपना जीवन व्यतीत करते है बल्कि आकाश की नत्रजन को जड़ों में इकट्ठा कर देते है। यही कारण है कि जड़ों में फूली फूली गांठ पायी जाती है। राइजोबियम बैक्टीरिया में वायुमण्डल की नाइट्रोजन के स्थिरीकरण का गुण अन्य किसी जीव धारियों में नहीं पाया जाता। प्रयोगशाला में रासायनिक क्रियाओं द्वारा भी वायुमण्डल की नाइट्रोजन को स्थिर नहीं किया जा सकता।

उपकारी पेड़ पौधे

जैसा कि हम जानते है कि पौधे भी एक जीवित प्राणी है। वे हमारी तरह सांस लेते हैं। भोजन बनाकर खाते हैं। केवल वे एक स्थान से दूसरे स्थान जाने में असमर्थ होते हैं। ये हमारे लिए विशेष महत्व के होते हैं।

हरे पौधे केवल सूर्य के प्रकाश में पत्ती से हरे रंग व आस–पास की गन्दी हवा (कार्बन डाई आक्साइड, जिसे हम सांस लेने के बाद निकालते हैं) तथा जड़ों द्वारा लाये गये पानी तथा अन्य खाने की वस्तुओं से भोजन बनाते हैं। यह क्रिया पेड़ पोधों को तो जीवित रखती ही है साथ ही साथ पूरे संसार के जीवों के प्राणों की रक्षा करती है। यदि पेड़ पौधे भोजन न बनाते तो हम सांस लेने के लिए शुद्ध हवा न पाते और हमारा दम घुट जाता। यह कहिये कि पृथ्वी पर कोई भी जीवित जीव जन्तु दिखाई ही नहीं पड़ता।

पौधे अपने शरीर से अतिरिक्त जल निकालते रहते हैं। जिससे आस पास का वातावरण नम रहता है।

नदियों के किनारे उगे हुए पौधों तथा घासें मिट्टी को कटकर बहने से बचाती है। पौधों के फल तथा बीज ही को तो खाकर हम अपना जीवन चलाते हैं।

हमारे प्रतिदिन के उपयोग में आने वाली वस्तुएँ प्रायः पेड़ पौधों से ही प्राप्त होती है। भोजन कपड़ा और मकान मनुष्य की प्रमुख आवश्यकताएँ हैं। इनके अतिरिक्त रंग तेल रेजिन, गोंद, साबुन तथा शरीर के रक्षा के विभिन्न दवाइयों आदि सभी पेड़ पौधों से ही प्राप्त होती है। पौधों को ही खाकर हमारे गायें भैंसे तथा बकरियां दूध देती है। नदियों में रहने वाली मछलियां भी शाकाहारी होती है।

हमारे जीवन में पेड़ पौधों का निम्न महत्व है –

अनाज – धान, गेहूं, जौ, मक्का, बाजरा, ज्वार जई आदि।

दालें – अरहर, उड़द, मूंग, चना, मसूर, मटर आदि।

तरकारियां – पालक, चौलाई, सोयामेथी, बथुआ, आलु, जमीकंद, बण्डा, अदरक, शलजम, चकुन्दर, मूली तोरई, बैंगन, टमाटर, लौकी, करेला, भिण्डी, परवल, तथा गोभी के फूल आदि।

फल – आम, अमरूद, सेव, सन्तरा, अंगूर अनार पपीता बेर, केला, शरीफा, अखरोट, काजू, बदाम, छुहारा, नारियल आदि।

चीनी – गन्ना तथा चुकन्दर, अंगूर से ग्लूकोस तथा ताड़ के रस से गुड आदि।

मसाले – अदरक, हल्की, दालचीनी, लौंग, लालमिर्च, कालीमिर्च, धनिया, सौंफ, जीरा, जायफल, इलायची, सरसों मेथी, राई, तेजपता, हींग आदि।

वसा और तेल – नारियल, बिनौला, मूंगफली, रेडी सरसों कुसुंम सेहूंमा, अलसी, तिल बिनौला के तेल से वनस्पति घी बनता है।

दवाइयाँ – वसा का (वासा) तथा मुलेठी (खांसी तथा विषैले जीवों के काटने पर) सर्पगन्धा (पागलपन तथा अधिक खून के दबाव मे) अश्वगन्धा की जड़ (खाँसी और दमा के लिए) सिनकोना के छाली से कुनैन (मलेरिया बुखार में) सफेदा से एकेड्रिन (जुका तथा गठिया), यूकेलिप्टस (नाक, गले के रोग, ज्वर गठिया और दमा) कोको के पौधों से काकेन (दर्द कम करने की दवा) किरमाला के फूलों से सेनोटिन (पेट के कीड़ों को मारने के लिए) बबूना के फूल (मोच में बांधने के लिए) कबाब चीनी तथा हरजोड़ के बीज (नजला, तथा जुकाम) इसबगोल (पेचिस तथा हाजमें में) ब्राह्मी (मस्तिष्क को स्फूर्ति देते हैं) पेनिसिलिन स्ट्रेप्टोमाइसिन तथा अन्य उपयोगी दवाइयाँ एक प्रकार के कवक से बनायी जाती है।

आंवला कोटन, पुदीना, गुल्खेरा, बेल, अमलतास, लौंग केसिया, अलाटा, अफीम, पोस्ता, यूफोरबिया, तुलसी धतुरा, सौंफ, अजवायन, दुद्धी, पीला कनेर, नीम, बावची राउलफिया, मेथी, आंबाहल्दी, कुलथी, पीली हल्दी, मकोय, अदरक आदि का उपयोग हम दवाइयों के रूप में करते हैं।

थाइमस पौधे से थाइमोल नामक पदार्थ प्राप्त होता है। पिपरमेण्ट थाइमोल तथा कपूर को मिलाकर अमृतधारा बनाया जाता है। जो मतली तथा दस्त में फायदा करता है। सूरजमुखी से घी, नारियल के तेल से साबुन, क्रीम तथा अन्य श्रृंगार की आवश्यक सामग्री। तारपीन लौंग तथा रेंडी का तेज दवाइयों में प्रयोग किया जाता है। खजूर के तेल से मोमबतियाँ बनायी जाती है।

नशीले पेड़ पौधे – चाय, काफी, कोको तथा शराब आदि पौधों की पत्तियों, बीजों तथा फलों से तैयार किये जाते है। गांजा, भांग भी पौधों की देन है। सेब के रस से साइडर, आलू तथा जौ से व्हिसकी, गन्ने से रस, अंगूर से शैम्पेन महुआ से देशी शराब और ताड़ या खजूर से ताड़ी बनायी जाती है।

लकड़ियाँ – आम, ढाक, बबूल, बांस आदि पेड़ों की लकड़ियां जलाने के काम में आती है इसके अतिरिक्ति तारकोल जलाने के काम में आती है, इसके अतिरिक्त तारकोल विभिन्न प्रकार के रंग, कोलगैस, मिट्टी का तेल आदि पौधों का ही देन है (मिट्टी का तेल, पेट्रोल व कोयला सभी उन पौधों के रूप है जो हजारों वर्ष पहले मिट्टी में दब गये थे) चीड तथा देवदार की लकड़ी से सन्दूक पोपलर, तथ स्पूल नामक वृक्षों की लकडी का लुगदी से कागज बनाया जाता है।

शीशम सागोन (Teak), महोगनी, अखरोट, चन्दन तथा देवदार से मेज कुर्सी, पलंग, नावों के मस्तुल आदि तैयार किये जाते है।

आजकल अनेक जड़ी बूटियों पर खोज की जा रही है जिनसे दवाइयां बनायी जा सके।

गोंद हमें पौधों से प्राप्त होती है। चीड़ के वृक्ष से तारपीन प्राप्त होता है। तारपीन से रेजिन तथा तारपीन का तेल बनाया जाता है। रेजिन का प्रयोग, साबुन, मूहर लगाने की लाख, किताबों की छपाई की स्याही, प्लास्टिक आदि में किया जाता है।

रबर के पौधे के दुध से रबर तैयार किया जाता है। रबर से अनेक वस्तुएं बनायी जाती है।

रंग – पौधों में लगभग 2000 रंग पाये जाते हैं। लासोनिया की पत्ती से मेहंदी, कुसुम से लाल तथा पीला रंग, टेसू (पलास) और हरसिंगार के फूलों से नारंगी रंग और केसर के फूल से पीला रंग मिलता है।

रेशेदार पौधे – कपास के पौधे से हमे रुई प्राप्त होती है जिससे कपड़ा भी बनता है। अलसी सनई, तथा जूट से बोरे तथा सुतली बनायी जाती है।

नारियल, हथिया, चिग्धार आदि से रेशे तैयार किये जाते हैं।

सुगन्धित द्रव्य

जिन वस्तुओं के सुगन्धित करने की आवश्यकता है वे ये हैं – केश, बाहू, मूल (बगल) घर का अन्दरुनी भाग, बस्थ मुख, जल, सुपाड़ी, स्नान के समय में मालिस और उबटन।

(1) केशों का सुगन्धीकरण

नख (एक सुगन्धित द्रव्य) कपूर, केशर, अगर, शिलारस, इन सबका उपादान क्रमवृद्धि के साथ करें (अर्थात् नरव भाग 1 कपूर भाग 2 केशर भाग 3 अगर भाग 4 और शिलारस भाग 5) इन सबको मिलाकर इनकी एक तिहाई शकर ले। इस सुगन्धित चूर्ण को लगाने से केश सुगन्धित हो जाते है।

(2) बगल का सुगन्धीकरण

बगल को सुगन्धित करना

तेजपात

शिलारस

केशर

नागरमोथा

हरड़

इनको क्रमशः 9, 15, 3, 14, 4 और 2 भागों में ग्रहण करें उसमें तीन भग गुड़ मिलाकर लेप तैयार कर लें। इसे लगाने से बगल की दुर्गन्ध दूर होकर सुगन्धि आने लगती है।

गृहवास (घर में सुगन्ध लाना)

घर के अन्दर सुगन्ध – कस्तूरी, कपूर, केसर, नख, जटामांसी, खस, अगर, चन्दन और गुड़ इस योग के प्रयोग से घर सुगन्धित हो जाता है।

क्रम इस प्रकार होगा –

कस्तूरी 1 भाग	केसर 3 भाग	जटामांसी 5 भाग
अगर 7 भाग	गुड़ 9 भाग	कपूर 2 भाग
नख 4 भाग	खस 6 भाग	चन्दन 8 भाग

घर में इन्हें जहां कहीं रख देना चाहिए। इससे घर सुगन्धित रहता है।

रोगानुसार जड़ी बूटियों का वर्गीकरण

अतिसार – अफीम, आक, ईसबगोल, इन्द्रजौ, कुथला, जायफल, धाय, राहिडा, सौंफ, सोंठ, हरड़।

अर्श – आक, अरीठा, कचनार, कायफल, ढाक, दारूहल्दी, नीम, प्याज पाषाण, मेद, विडंग, भिलावा।

उदररोग – अजमोद, अजवाइन, अमलतास, एरण्ड, कटकरंज, कुटकी, (जलोदर), डिजिटेलिस, (जलोदर), तालमखाना (जलोदर), जटामांसी, जामुन, ढाक, पुनर्नवा (जलोदर), मकोय, विडंग, बिदारी बल, भांगरा, सहिजना, हरंड।

उन्माद – छोटाचांद, जटामांसी, धतुरा, नाम (बकायन) पाढल।

उपदंश – चोपचीनी, धतुरा (कृष्ण) नीम, रोहिड़ा (रक्त)

कर्णरोग – अपराजिता, अपामार्ग, कलिहारी, कायफल, चीड़ स्नुही, प्याज, बड़, बेल।

कास – कसौदी, काकड़ासिंगी, निगुण्डी, पाषाणभेद, पीपल, बहेडा, मुलेठी, वंशलोचन, बेलाडोना, लहसुन, लौंग।

कामला – कपास, कुटकी।

क्लैव्य – कनेर, करील, केशर, कुचला, तालमखाना, तुलसी तेजवल, धतुरा, नागकेशर, सालम मिश्री।

कृमि – छतिवन, ढाक, धतुरा, धमासा, नींब, नीम्बू।

गण्डमाला – चीड़, चोपचीनी।

ग्रहणीदोष – अफीम, अपराजिता, अरीठा।

जठराग्नि विकार – कठेरी छोटी, कुचला, कालीमिर्च (मदाग्नि)।

ज्वर – अतीस, अरलु, अर्जुन, कटकरंज, कालमेघ, कुटकी छतिवन, जटामांसी, तुलसी, दारुहल्दी, नागबेल, नीम, पारिजात, बनफशा, मेनफल, आरंगी, सहदेवी, स्वर्णभाक्षिक।

नेत्ररोग – अगस्त, आक, कटकरंज, कनेर, कपूर, ढाक, धनिया, नीम, पुनर्नवा, बबूल, ममीरा, सिरस, हल्दी।

प्रदर – कपास कमल माजुफल लाख सेमर।

प्लीहा रोग – कुटकी

बालरोग – अतीस, अनन्तमूल, डिकामाली, बनफसा, रेवाचीनी, समुद्रफल हरड़, हंसपदी।

मधुमेह – जामुन, जायफल, गुडमार, कारबेल्लक।

मुखरोग – अकरकरा (दन्त) कचनार, कटेरी, छोटी (दन्तरोग)।

पथरी – अजमोद, काकड़ी, कपास, कटेरी।

राजयक्ष्मा – अडूसा, आम, आंवला।

रेतोदोष – अकरकरा, प्याज, पीपल, बड़, बहेड़ा, लज्जानु।

वातव्याधि – आक, अकरकरा, कायफल, चोपचीनी, निसोथ, बछनाग, बायबिडंग, बेल, भिलावा, रासना, लहसून।

विसूचिका – आक, अगियाघास, कपूर, कूचलन, भिलावा।

त्वचारोग – अनन्तमूलभूल, आक, छतिवन, जटामांसी, दारुहल्दी, धतुरा, नीम, पित्तपापडा, पीपल मूर्वा, बाकुची बांस, बिडंग, भिलावा।

शिरोरोग – अपराजिता, कटकल, नीम, मेथिका।

श्वासरोग – अंकोल, अडूसा, आक, धतुरा, निर्गुण्डी, पाषाण भेद, वंशलोचन, बेलाडोना।

स्त्रीरोग – अपामार्ग, अजवाइन (सूतिका) अनार (हिस्टीरिया) अपराजिता (गर्भपात) अशोक (रक्तप्रदर) उलट

कंबल, छतिवन, तिल, नीम, पीपल, मैनफल (बन्ध्यत्व) लोघ।

हिक्का रोग – कसौंदी, कालीमिर्च।

हृदय रोग – डिजिटेलिस, तालिसपत्र।

कुछ परिभाषाएँ

रसायन – जो पदार्थ वृद्धावस्था और रोगों के आक्रमण से शरीर की करते हैं उन्हें रसायन कहते हैं जैसे गिलोय, गुग्गुल, हरड़ आदि।

बाजीकरण – जिन द्रव्यों के सेवन से पुरुषों की रति शक्ति में वृद्धि हो उनको बाजीकरण कहते हैं जैसे कौंच के बीज, असगन्ध आदि।

शुक्र – जिन द्रव्यों के सेवन करने से शुक्र (वीर्य) की वृद्धि हो उन्हें शुक्ल कहते हैं जैसे उड़द, भिलावे की गिरी, आंवला, गोधुध आदि।

शुक्र पर्वतक – ऐसे द्रव्य जिनके सेवन से वीर्य की उत्पति और प्रवर्तन हो जैसे उड़द, आंवला, भिलावा आदि।

दीपन – ऐसे द्रव्य जो जठराग्नि को तो प्रदीप्त करते हैं परन्तु आम का पाचन नहीं करते जैसे सोंफ।

पाचक (Digestants) – ऐसे द्रव्य जो आहार की पाचन क्रिया में सहायक हो परन्तु पाचक रसों को प्रदीप्त नही करते जैसे नागकेसर, पपीते का दुध। कुछ द्रव्य ऐसे भी हैं जिनमें दीपन और पाचन दोनों गुण पाए जाते है जैसे चित्रक।

संशमन – ऐसे द्रव्य जो वात पित और कफ आदि दोषों को न तो शमन करे और न उनकों प्रकुपित करें परन्तु बढ़े हुए दोषों को ठीक कर दें जैसे गिलोय।

अनुलोमक (Laxatives) – जो द्रव्य अपक्व मल को पकाकर गुदा मार्ग द्वारा शरीर से बाहर निकला दें जैसे हरड़ जैतुन का तेल।

स्नंगन – ऐसे द्रव्य जो अपक्व मल को पकाए बिना ही अधोमार्ग द्वारा शरीर से बाहर निकालकर फेंद जैस अमलतास का गूदा एरण्ड, सनाय आदि।

भेदन – ऐसे द्रव्य जो पतले गाढ़े या पिण्डाकार रूप धारण किए हुए मल को फाड़कर अधोमार्ग से बाहर गिरा दें जैसे कुटकी, निशोथ, इन्द्रायण, रेवंदचीनी आदि।

विरेचन – जो द्रव्य अपक्व अथवा पक्व मल को पतला बनाकर अधोमार्ग बाहर फेंक दें जैसे इन्द्रायण, दन्ती, जमालगोटा आदि।

वामक – जो द्रव्य कच्चे ही पित, कफ तथा अन्न आदि को बलात मुख से बाहर निकाल फेंके जैसे मैनफल।

शोधक – वे द्रव्य कहे जाते हैं जो देह में संचित मलों को अपने स्थान से हटाकर मुंख अथवा अधोमार्ग से बाहर निकाल दें जैसे बंदाल (देवदाली) का फल।

छेदन – ऐसे द्रव्य जो देह में चिपके हुए कफ आदि दोषों को बलात उखाड देते है जैसे समस्त प्रकार के क्षार, शिलाजीत, कालीमिर्च आदि।

लेखन – वे द्रव्य जो शरीर की रस रक्तादि धातुओं और मूत्र व पुरीष आदि मलों को सुखाकर उखाड कर बाहर निकाल फेंकते हैं जैसे शहद, बच, जौ गर्म पानी आदि।

ग्राही – (कब्ज करने वाली) ऐसे द्रव्य जिनमें दीपन और पाचन के गुण है तथा वे अपने उष्ण गुण के कारण पक्वाशय के पतले द्रव्यों को गाढ़ा व शुष्क कर देते हैं जैसे सौंठ, जीरा, गजपीपल आदि।

प्रमाची – जो द्रव्य अपनी शक्ति से मुख नासिका आदि स्रोतों को या रस वाही शिरोमार्गो को विस्तृत करके इनके अन्दर संचित दोष (विकारों) को निकाल कर बाहर कर देते है जैसे वच और काली मिर्च।

विदाही (Lurintant) – जिन द्रव्यों के सेवन से खट्टी डकारे आने लगे, प्यार लगे और हृदय में दाह उत्पन्न हो तथा जो देर से पचे उन्हें विदाही कहते जैसे राई, लाल मिर्च, कायफल आदि।

विकासी (Antispasmodic) – ऐसी औषधियों जो समस्त शरीर में व्याप्त वीर्य या अन्य धातुओं में से ओज को शुष्क करके संधियो को ढीला कर दें जैसे कोदो नाशक अन्न, सुपारी आदि।

विकासी औषधियों में से कुछ तो ऐसी होती है जिनकी प्रबल शामक क्रिया समस्त शरीर पर होती है जैसे – तम्बाकू, बछनाग, पदमाक, सुपारी आदि अवसादक द्रव्य। इनमें कुछ औषधियों ऐसी है जो आंतों की क्रिया को बढाकर अपान वायु निस्सारण और उदर शूल का शमन करती है जैसे कस्तूरी, हींग तगर आदि। कुछ औषधियों श्वास नलिका के संकोच विकास को कम करने वाली होती है जैसे खुरासानी, अजवाइन, धतुरा, बेलाडोना आदि।

योगवाही – ऐसे द्रव्य जो विपरीत गुण वाले अन्य द्रव्य के साथ मिलकर कली के अनुसार कार्य करते हैं साथ ही उस द्रव्य से अविरूद्ध भाव न रखते हुए अपने गुणों को अपने मिलाकर उसके गुणों को और बढ़ा देते है जैसे शहद, घृत पारद आदि।

सोमनस्य जनन (Exhilarant) – ऐसी औषधियों जो अतिसार व रक्त प्रवाह इत्यादि को रोकने वाली (स्तम्भक) मूर्च्छा, प्यास, दाह और पसीना शान्त करके आल्हाद, प्रसन्नता को बढाने वाली होती है जैसे कमल का कन्द, चन्दन मदिरा, खस आदि।

स्तन्यजनन – ऐसे द्रव्य जो नारि के स्तनों में दुग्ध की मात्रा बढाते है जैसे सितावर, गिलोय, शालि के चांवल, सौंफ, कुश आदि।

बल्य (Toxics) – ऐसे द्रव्य जो शरीर के भिन्न–भिन्न भागों में बल वीर्य की वृद्धि करें और उनको दुरुस्त करें। कटु पौष्टिक तथा ग्राही पौष्टिक ये इसी के भेद होते है। जैसे चिरायता शतावरी, असगन्ध, कुष्माण्ड आदि।

कुष्ठहन (Antiparasitics) – ऐसे द्रव्य जो त्वचा पर जीवाणुओं के कारण होने वाले रोगों को दूर करें जैसे खदिर आमला, हरिद्रा, अमलतास आदि।

स्वापजनन (Anaesthetics) – वे औषधियों जो मस्तिष्क और सुषुम्ना के केन्द्र स्थानों पर अपनी क्रिया करके बेहोशी (संज्ञा नाश) और बधिरता उत्पन्न करे जैसे क्लोरोफॉर्म, कोकेन आदि। इनमें कुछ औषधियों ऐसी भी होती है जिन्हें त्वचा या वेदनायुक्त व्रण आदि पर लगा देने से उस स्थान पर शून्यता हो जाती है जैसे बच, जटामांसी, कुटकी बर्फ आदि।

अष्ट वर्ग

जीवक, ऋषभक, मेदा, महामेदा, ऋद्धि, वृद्धि, काकोली तथा क्षीर काकोली।

जीवनीयगण – उपरोक्त अष्टवर्ग की औषधियों के साथ मुदगपर्णी माषपर्णी, जीवन्ती, मधुयष्ठी ये चार द्रव्य मिला देने से जीवनीय गण बन जाता है।

लघु पैचमूल – शालपर्णी, पृश्नपर्णी, गोक्षुर, दोनो तरह के कटेरी।

ब्रहत पंचमूल – बिल्व, श्योनाक, गंभारी, पाटला, अग्निमंद।

दशमूल – लघु तथा बृहत पंचमूल को मिलाने से दशमूल बनता है।

पंच गव्य – गाय का दूध, दही, घी, मूत्र और गोबर।

पंच कोल – पिप्पली, सामुद्र, बिड़नमक, सौंचल, सांभर।

पंच वल्कल – आम, वट, गूलर, पीपल, पाखड़।

पंच पल्लव – आम, जामुन, कैश, बिजौरा, बिल्व।

मूत्राष्टक – गाय, बकरी, भेड़, भैंस, हाथी, घोड़ा, ऊँट, व गधे का मूत्र।

षडषण – (पंचकोल + मरिच)।

चतुरगण – त्रिकुअ में पीपलामूल मिलाने से चतुरगण बनता है।

चतुजांतक – दारचीनी, इलायची, तेजपात, नागकेसर।

क्षार त्रय – यवक्षार, सर्जिकिक्षार, टंकण क्षार (सुहागा)।

त्रिफला – हर्रा, बहेड़ा, आंवला समभाग में।

त्रिजातक – दालचीनी, तेजपात, इलायची।

नव उपविष – थूहर, आक, कलिहारी, गुंजा, जमालगोटा, कनेर, धतुरा, कुचिला, और अफीम इन द्रव्य की गणना उपविषों में होती है।

पुराने माप-तौल का नये में परिवर्तन

आयुर्वेदिक चिकित्सा सम्बन्धी पुरानी पुस्तकों में समस्त माप तोल पुरानी भारतीय प्रणाली सेर, तोला, रती में दिये हुए हैं। बहुत से ग्रन्थ जो 50–60 वर्षों में प्रकाशित हुए हैं उनमें उपरोक्त देसी प्रणाली के साथ–साथ कही कही अंग्रेजी चिकित्सा मे प्रयुक्त माप तौल एपोथीकैरी (ओंस, ड्राम आदि) पद्धति मे भी दिए गए है। इन सबके कारण आजकल के वैद्यों को औषधि तैयार करते समय माप तौल का हिसाब लगाने में बड़ी कठिनाई होती है। नीचे हम एक सरल परिवर्तन तालिका दे रहे हैं। जो बिल्कुल परिशुद्ध न होते हुए भी अत्यन्त व्यवहारिक है। पाठक इससे लाभ उठा सकते हैं।

1 सेर = 16 छटांक = 32 आउन्स = 1000 ग्राम या 1 लीटर

1 छटांक = 5 तोला = 2 आउन्स = 60 ग्राम या मिलीलीटर

1 तोला = 12 माशे = 12 ग्राम = 3 ड्राम

1 माशा = 8 रत्ती = 1 ग्राम

1 रत्ती = 120 मिलीग्राम = 2 ग्रेन

1 पिन्ट = 20 आउन्स = 600 ग्राम या मिलीलीटर

1 पौंड = 16 आउन्स = 500 ग्राम या मिलीलीटर

1 आउन्स = 8 ग्राम = 30 ग्राम या मिलीलीटर

1 ड्राम = 60 ग्रेन या 60 मिनिम = 4 ग्राम या मिलीलीटर

1 ग्राम = 1 मिलीलीटर = 1 सी.सी. = 15 ग्रेन या मिनिमम

1 ग्रेन = 60 मिलीग्राम = 1 मिनिम (बूंद)

नोट – व्यवहारिक रूप में 1 मिनिम द्रव औषधि का वजन 1 ग्रेंन माना जाता है। मिलीलीटर तथा सी.सी. (क्यूबिक – सेन्टीमीटर) का माप भी बराबर माना जाता है। अर्थात् 1 सी.सी. = 1 मिलीलीटर।

शारीरीक अंगों पर प्रभाव के अनुसार जड़ी – बूटियों का वर्गीकरण

श्वसन तन्त्र (Respiratory system) प्रभावक वर्ग – अडूसा, अलसी, इलायची, कटेरी, काकड़सिंधी, कुलिंजन, कूझ, धतुरा, पिप्पली, पोखरमूल, बहेड़ा, बनफला, भारंगी मूलेठी, लोबान, सोमलता, हंसराज, लबंग, बिसोड़ा।

पाचक तन्त्र प्रभावक वर्ग – अजवायन, अंजरी, अतीस, अदरक (सोंठ) अनार, अमलतास, काला दाना, कालीमिर्च, कालमेथ (यकृत) एरंड, आक, कुटज, इन्द्रायण, इमली, ईसबगोल, घीग्वार, कुटकी, चित्रक, जीरा, जमालगोटा, दालचीनी, सूरण, सनाय, नागकेसर, निशोथ, नीम्बू, पोदिना, पपीता, प्याज, पिप्पली, बिल्व, मैनफल, लौंग, बायबिड़ंग सहिजना।

तन्त्रिका तन्त्र (Nervous System) प्रभावक वर्ग – अकरकरा, अफीम, अजमोद, कपास, कुचला, कूट, गुग्गूल, सर्पगंधा, जटामांसी, तगर, निर्गुण्डी, चालमोगरा, नीम पनांड, बावची, बच, ब्राह्मी, बेलाडोना, भांग, आंगरा, मिलावा, रासना, लहसून, शंखपुष्पी, हींग, हल्दी।

मूत्र–प्रजनन तन्त्र (Uroginital system) प्रभावक वर्ग – अश्वगंध, मर्गट (गर्भाशय) अशोक, उलटकम्बल (गर्भाशय) कपास, कौंच, गूलर, जायफल, तालमखाना, लाजवन्ती, लोध्र, बिधारा, बड़, बिदारी कन्द, शतावरी समुन्द्रसोख, कुलथी, गोखरु, पुनर्नवा, वरूण।

परिसंचरण तन्त्र (Circulatory system) प्रभावक वर्ग – अनन्तमूल, अर्जुन, कचनार, गोरखमुण्डी, डिजीटेलिस, नाम, पटोल, मजीठ।

सार्वदेहिक प्रभावाक वर्ग – आँवला, इमली, उटंगन, करंज, कचनार, खस, गावजुबाँ, गिलोय, चिरायता, तुलसी, द्रोणपुष्पी (गूमा), पाटला, पाठा, बिही, बेल, महुआ, मूसली, सफेद व काला, सालव मिश्री, हरण इत्यादि।